L&PMPOCKETENCYCLOPAEDIA

PRÉ-HISTÓRIA
Uma breve introdução

SÉRIE **L&PM**POCKET**ENCYCLOPAEDIA**

Alexandre, o Grande Pierre Briant
Anjos David Albert Jones
Ateísmo Julian Baggini
Bíblia John Riches
Budismo Claude B. Levenson
Cabala Roland Goetschel
Câncer Nicholas James
Capitalismo Claude Jessua
Cérebro Michael O'Shea
China moderna Rana Mitter
Cleópatra Christian-Georges Schwentzel
A crise de 1929 Bernard Gazier
Cruzadas Cécile Morrisson
Dinossauros David Norman
Drogas Leslie Iversen
Economia: 100 palavras-chave Jean-Paul Betbèze
Egito Antigo Sophie Desplancques
Escrita Andrew Robinson
Escrita chinesa Viviane Alleton
Evolução Brian e Deborah Charlesworth
Existencialismo Jacques Colette
Filosofia pré-socrática Catherine Osborne
Geração Beat Claudio Willer
Guerra Civil Espanhola Helen Graham
Guerra da Secessão Farid Ameur
Guerra Fria Robert McMahon
História da medicina William Bynum
História da vida Michael J. Benton
História econômica global Robert C. Allen
Império Romano Patrick Le Roux
Impressionismo Dominique Lobstein
Inovação Mark Dodgson e David Gann
Islã Paul Balta
Japão moderno Christopher Goto-Jones
Jesus Charles Perrot
John M. Keynes Bernard Gazier
Jung Anthony Stevens
Kant Roger Scruton
Lincoln Allen C. Guelzo
Maquiavel Quentin Skinner
Marxismo Henri Lefebvre
Memória Jonathan K. Foster
Mitologia grega Pierre Grimal
Nietzsche Jean Granier
Paris: uma história Yvan Combeau
Platão Julia Annas
Pré-história Chris Gosden
Primeira Guerra Mundial Michael Howard
Reforma Protestante Peter Marshall
Relatividade Russell Stannard
Revolução Francesa Frédéric Bluche, Stéphane Rials e Jean Tulard
Revolução Russa S. A. Smith
Rousseau Robert Wokler
Santos Dumont Alcy Cheuiche
Sigmund Freud Edson Sousa e Paulo Endo
Sócrates Cristopher Taylor
Teoria quântica John Polkinghorne
Tragédias gregas Pascal Thiercy
Vinho Jean-François Gautier

Chris Gosden

PRÉ-HISTÓRIA
Uma breve introdução

Tradução de JANAÍNA MARCOANTONIO

www.lpm.com.br
L&PM POCKET

Coleção **L&PM** POCKET, vol. 1057

Texto de acordo com a nova ortografia.

Título original: *Prehistory*

Primeira edição na Coleção **L&PM** POCKET: agosto de 2012
Esta reimpressão: outubro de 2024

Tradução: Janaína Marcoantonio
Capa: Ivan Pinheiro Machado. *Ilustração*: frentusha/iStock
Preparação: Marianne Scholze
Revisão: Simone Diefenbach

CIP-Brasil. Catalogação na Fonte
Sindicato Nacional dos Editores de Livros, RJ

G691p

Gosden, Chris.
  Pré-história / Chris Gosden; tradução de Janaína Marcoantonio. – Porto Alegre, RS: L&PM, 2024.
  160p. : il. ; 18 cm   (Coleção L&PM POCKET; vol. 1057)

  Tradução de: *Prehistory*
  Apêndice
  Inclui bibliografia e índice
  ISBN 978-85-254-2704-5

  1. Arqueologia 2. Antiguidades. I. Título. II. Série.

12-4774.   CDD: 930.1
                                            CDU: 903

© Chris Gosden, 2003
**Pré-história foi originalmente publicado em inglês em 2003.
Esta tradução é publicada conforme acordo com a Oxford University Press.**

Todos os direitos desta edição reservados a L&PM Editores
Rua Comendador Coruja, 314, loja 9 – Floresta – 90.220-180
Porto Alegre – RS – Brasil / Fone: 51.3225-5777

PEDIDOS & DEPTO. COMERCIAL: vendas@lpm.com.br
FALE CONOSCO: info@lpm.com.br
www.lpm.com.br

Impresso no Brasil
Primavera de 2024

Sumário

Agradecimentos 7

Uma brevíssima introdução à cronologia 9

Capítulo 1: O que e quando é a pré-história? 13

Capítulo 2: Os problemas da pré-história 31

Capítulo 3: Habilidades e experiências humanas 45

Capítulo 4: Pré-histórias continentais 62

Capítulo 5: A natureza da vida social humana 100

Capítulo 6: A pré-história do futuro 135

Leituras complementares 142

Cronologias 146

Índice remissivo 152

Lista de ilustrações 156

Sobre o autor 159

AGRADECIMENTOS

Gostaria de agradecer a três pessoas, e por coincidência todas elas se chamam David. Meus dois amigos David Morgan e David van Oss leram o original deste livro e me brindaram com duras críticas e palavras de alento, ambas igualmente importantes. Meu tio, David Gosden, me levou ao forte construído em Cold Kitchen Hill e às escavações em South Cadbury quando eu era jovem e desde cedo despertou meu interesse por pré-história. Os leitores podem ter suas próprias opiniões sobre agradecê-lo ou culpá-lo por isso, mas eu lhe sou muito grato.

Uma brevíssima introdução à cronologia

A dificuldade de escrever uma brevíssima introdução à pré-história é que a pré-história é muito longa. Atualmente, as origens humanas remontam a 6 milhões de anos atrás, época que engloba uma série de períodos geológicos e pré-históricos diferentes. A pré-história trata de conjuntos de lugares, artefatos e paisagens do passado que tentamos compreender no presente, colocando os indícios que temos no contexto de seu ambiente na época, tanto físico quanto social. Irei me referir a termos comumente usados para períodos do passado e, em vez de parar para explicar cada um deles ao longo do texto, forneço aqui uma visão geral. Para cada região do mundo exponho também, ao final do livro, uma série de cronologias bem concisas.

Sob mim, sentado no centro da Bretanha meridional, está a seguinte sequência de sedimentos e vestígios arqueológicos. No metro superior de solo e subsolo, há vestígios dos últimos 10 mil anos – localmente conhecidos como Mesolítico (*c.*8 mil-4 mil a.C., isto é, antes de Cristo) –, um mundo de caçadores-coletores vivendo em condições climáticas modernas; o período Neolítico (*c.*4 mil-1.800 a.C.) – os primeiros agricultores; a Idade do Bronze (1.800-800 a.C.) –, quando pela primeira vez o uso dos metais é difundido; a Idade do Ferro (800 a.C.- 43 d.C. [depois de Cristo]) –, o fim da pré-história. O período anterior a 10 mil anos atrás é conhecido como Paleolítico e remonta aos primeiros ancestrais diretos do homem. Os últimos 2 milhões de anos presenciaram a oscilação entre períodos de calor e de frio, geralmente conhecidos como Eras do Gelo. Indícios desse período são encontrados em cascalhos nos leitos de rios, em depósitos nas cavernas e em ocorrências relativamente raras de antigos sedimentos, conforme veremos no próximo capítulo. Segundo as estimativas atuais, o Paleolítico começa há

6 milhões de anos na África, onde nossos primeiros ancestrais diretos se originaram e daí se espalharam para a Eurásia e o sudeste da Ásia entre 1,8 e 1 milhão de anos atrás (ver fig. 6 para uma descrição dos primórdios da evolução dos hominídeos). Os vestígios mais antigos na Bretanha não são mais velhos do que isso. Nessa etapa da evolução humana, estamos olhando para o *Homo erectus* – um ser troncudo com cérebro pequeno, vida social limitada e cultura material restrita (mas talvez a vida não tenha sido tão monótona como pode parecer). Nas chamadas Eras do Gelo dos últimos 2 milhões de anos, o clima oscilou muitíssimo, e por isso nos cascalhos do Tâmisa, sob mim, há vestígios de faunas adaptadas ao frio (mamutes, rinocerontes-lanudos etc.) e de seres que amam o calor, entre os quais os hominídeos, que possivelmente só viveram na Europa durante os períodos quentes. Isso não é válido para as últimas glaciações, que começaram há cerca de 40 mil anos e alcançaram seu ápice por volta de 18 mil anos atrás. Agora, há dois conjuntos de espécies de hominídeos permanentemente na Europa: nós (*Homo sapiens sapiens*) e os Neandertais (*Homo neanderthalensis*), estes últimos uma espécie adaptada ao frio encontrada da Bretanha à Ásia central, cuja extinção é um dos maiores mistérios – nós os exterminamos diretamente, ganhamos a competição, eliminando-os de maneira mais indireta, ou eles foram extintos devido a uma incapacidade de lidar com as condições cambiantes? No ápice da última glaciação, as calotas de gelo do Polo Norte estenderam-se até o Tâmisa, com tundra ao sul e clima típico de savana até o Mediterrâneo. Grande parte do Canadá foi coberta de gelo, e a expansão dos lençóis de gelo do sul causou geleiras na Tasmânia, no continente australiano e na Argentina. Uma vez que grande parte da água da Terra havia congelado, e sendo o gelo mais denso do que a água, o nível do mar diminuiu no mundo inteiro, unindo a Bretanha à Europa, Papua Nova Guiné à Austrália e Bornéu à Malásia peninsular. Houve seca nas zonas tropicais, prolongando os desertos e savanas e criando buracos na floresta tropical equatorial. Quando o clima da Terra aqueceu, após

14 mil a.C., o gelo recuou e plantas, animais, insetos e pássaros mudaram-se para latitudes mais altas em ambos os hemisférios e recolonizaram antigos desertos. A terra cedeu lugar ao mar, que crescia, sobretudo no sudeste da Ásia, e florestas tropicais prolongadas podem ter criado algumas barreiras nos trópicos. Esse ciclo de calor e frio se repetiu uma série de vezes durante os últimos 2 milhões de anos.

Embora uma pequena parte da história, considerando o tempo total, estamos mais interessados nas pessoas como nós – *Homo sapiens sapiens*. Surgimos na África há cerca de 120 mil anos, migrando para o Oriente Médio há 90 mil anos e para o subcontinente indiano e além há 70 mil anos. A Europa e a Austrália foram colonizadas por volta de 50 mil anos atrás, esta última pela primeira vez, e a última grande massa de terra a receber pessoas foram as Américas, entre 20 e 15 mil anos atrás. Depois disso, os últimos grandes movimentos foram para as ilhas: as ilhas do Caribe e do Mediterrâneo foram ocupadas permanentemente após 1.500 a.C., com lugares como a Islândia, no Hemisfério Norte, e a Nova Zelândia, no Hemisfério Sul, sendo os últimos pedaços de terra de tamanho considerável aos quais as pessoas chegaram, há cerca de mil anos.

O esquema cronológico para compreender a pré-história, chamado sistema de Três Idades, foi criado principalmente na Europa. A Idade da Pedra foi dividida em duas com o início da agricultura, com a Velha Idade da Pedra (o Paleolítico, com suas três divisões – Inferior, Médio e Superior) sucedida pela Nova Idade da Pedra (o Neolítico). Pensava-se que as idades do metal – do Bronze e do Ferro – haviam presenciado o desenvolvimento de sociedades tribais com sofisticadas práticas agrícolas e de domesticação de animais e a capacidade de construir monumentos, tais como fortes no topo de colinas, ou criar objetos de metal, tanto para uso quanto para trocas de longa distância. O sistema de Três Idades funciona bem para grande parte da Eurásia (mas não para o Japão) e com algumas ressalvas para o sudeste da Ásia. A Austrália e o Pacífico têm apenas idades da pedra; os primeiros metais foram introduzidos pelos europeus. A idade do bronze africana provavelmente veio depois de sua idade do ferro, e as Américas só trabalharam o cobre, abstendo-se do bronze ou do ferro. Refletindo suas histórias diferentes, as Américas criaram suas próprias terminologias, às vezes com o objetivo de entender o crescimento de estados e civilizações na América Central e do Sul (Arcaica, Formativa, Clássica etc.) ou sequências locais na América do Norte (Silvícola, Anasazi etc.). Desde os anos 1960, surgem cada vez mais datas absolutas, sobretudo as datações por radiocarbono, formando a base para uma pré-história mundial comparativa, de modo que hoje podemos perguntar o que estava acontecendo no mundo em 18 mil ou 5 mil a.C. As datas absolutas não resolveram todos os nossos problemas cronológicos, mas desviaram a atenção de quando as coisas aconteceram para por que elas aconteceram.

As datas absolutas transformaram nossa visão dos processos. Em muitas regiões do mundo, hoje podemos ver que a adoção da agricultura e da domesticação de animais, que costumava ser vista como uma mudança drástica e repentina, quase sempre se deu ao longo de um largo período. A aceitação de ovelhas, bois, porcos, trigo, cevada e aveia por grande parte da Eurásia Ocidental ocorreu lentamente e por meios complicados entre 10 mil e 3 mil a.C. em diferentes regiões; o arroz, provavelmente domesticado pela primeira vez na China por volta de 6 mil a.C., levou muitos milênios para ser introduzido no Japão, na Índia e no sudeste da Ásia, assim como o milhete e o sorgo na África e o milho e os feijões nas Américas. De fato, muitos hoje pensam que as origens da agricultura e da domesticação de animais não são exatamente a questão. Mais significante é o padrão total, mas cambiante, de produção e consumo, que inclui não só plantas e animais, como também ferramentas de pedra, objetos de cerâmica, cestos, artigos têxteis e metais. Durante os últimos 10 mil anos, as pessoas criaram para si mesmas uma série complexa de mundos, contando com habilidades e recursos ainda mais antigos – mas tais questões nos levam além de uma introdução à cronologia, e eu as deixarei para capítulos posteriores.

Capítulo 1

O que e quando é a pré-história?

Na planície, jazia um cavalo. Reunido perto dali, um grupo concentrado em suas atividades; alguns observavam o bando de hienas que circundava o animal morto, atirando pedras de tempos em tempos para mantê-las afastadas. Outros ainda empunhavam suas lanças de madeira.

Seis estavam de cabeça baixa, trabalhando sílex. Eles já haviam preparado alguns dos grandes nódulos de sílex provenientes de uma falésia não longe dali, tirando lascas para dar a forma arredondada de um biface, e agora cada um trabalhava um desses blocos com grande rapidez e destreza. Os outros necrófagos e predadores permaneciam afastados: haviam se metido com esses seres antes e aprendido a manter distância. Assim que o primeiro talhador terminou o artefato bem delineado que agora chamamos de "biface", eles correram para a carcaça do cavalo e começaram a cortar a carne. Removeram postas de carne das pernas e dos quadris e, quando os ossos ficaram expostos, esmagaram os maiores para extrair a medula. Vamos supor que os adultos ajudaram a alimentar as crianças e os jovens ajudaram os velhos, ainda que os membros mais fracos talvez tenham precisado tratar de agarrar o que podiam. Parte da carne foi consumida ali mesmo; as melhores postas foram levadas ao topo da falésia, onde o grupo estava acampado, e consumidas à vontade. Vamos supor, mais uma vez, que agora eles puderam descansar por um ou dois dias, substituir suas lanças, confeccionar um novo martelo com osso de cavalo para trabalhar o sílex e brincar com os filhos.

Isso aconteceu em um lugar que meio milhão de anos depois seria conhecido como Boxgrove, perto de Chichester, no sul da Inglaterra. Nenhum dos seres presentes tinha a mais remota consciência de que os vestígios de suas atividades sobreviveriam por meio milhão de anos, preservados

1. Os hominídeos de Boxgrove caçam um cavalo.

pelo rápido soterramento sob sedimentos de falésias desmoronadas. Nenhuma palavra sobreviveu para nos contar sobre esse e outros inúmeros incidentes, mas podemos formular muitas perguntas. Como Boxgrove é um sítio arqueológico extraordinário, há uma série surpreendente de coisas que podemos saber com certeza. A escavação e o registro admiravelmente detalhados desse sítio mostraram seis (ou talvez sete) áreas de trabalho do sílex onde os bifaces eram confeccionados. Lidando com um quebra-cabeça tridimensional, os arqueólogos trabalharam em ordem inversa à dos primeiros hominídeos e, em vez de quebrar um grande nódulo de sílex em lascas menores e um grande biface, reuniram novamente as lascas para criar um nódulo completo com um único elemento faltando: o próprio biface. Um vazio é deixado no meio da pedra, fazendo-nos recordar que em algumas partes do mundo mais recente os talhadores entendiam que sua tarefa consistia não em confeccionar uma ferramenta de pedra, e sim em libertá-la de seu invólucro de sílex. Uma vez libertados, esses bifaces em particular escaparam à detecção arqueológica, embora talvez se encontrem em outra parte do mesmo sítio, descartados por um ser farto de tanto comer carne saindo para descansar em algum lugar seguro. De fato, muitas dezenas de bifaces quase intactos foram recuperadas em Boxgrove, com alguns vestígios microscópicos que indicam terem sido usados para o corte de carne.

Os ossos de cavalo nos contam sua própria história. Para começar, essa foi a maior espécie de cavalo já encontrada na Bretanha, o que a torna uma presa muito atraente para um grupo de caçadores. Os ossos de cavalo espalhados entre os fragmentos de sílex apresentam indícios de carniçaria na forma de finos sulcos na superfície do osso, resultantes do processo de trinchar o animal para extrair blocos de carne e de músculo. Os ossos foram esmagados, provavelmente com martelos de sílex, para extrair a medula. O exame microscópico revela marcas de dentes de animais, indicando que foram visitados por hienas depois que os hominídeos se foram. Podemos determinar em que ordem os seres chegaram à carcaça, já que as marcas de dentes deixaram sulcos ao longo das marcas existentes de corte com sílex: as hienas vieram mastigar o osso (e, sem querer, espalharam parte dos fragmentos de sílex) depois que os hominídeos foram embora. Nesse conjunto de comunidades costeiras, as hienas não eram o grupo dominante e, apesar de socialmente organizadas, não conseguiam competir com as ferramentas, a inteligência e a organização dos hominídeos.

Como sabemos que esses seres possuíam lanças? Aqui entramos em uma área de inferências um pouco menos seguras. Uma escápula (omoplata) do cavalo tem um furo perfeitamente circular, que, com base em comparações com buracos feitos durante experiências com esqueletos modernos, provavelmente só poderia ter sido causado por um objeto pontiagudo a alta velocidade. Isso não é incoerente com uma lança atirada de uma certa distância e atingindo o cavalo a velocidade considerável. Por que usar tal linguagem equívoca? A razão banal é que o osso do cavalo está um pouco arenoso e escamoso após meio milhão de anos enterrado, levantando dúvidas quanto à natureza do buraco e o modo como foi provocado, mas realmente há pouca dúvida quanto à identificação da ferida. A razão mais importante é que, em grande parte, isso depende de esses seres caçarem ou não. Muitos afirmam que a caça só se desenvolveu com os humanos plenamente modernos, há cerca de 50 mil anos, e em épocas mais remotas não havia a coesão social, a tecnologia ou a inteligência necessárias para fazer mais do que revirar animais mortos por grandes carnívoros ou coletar alimentos vegetais. Abater, matar e trinchar um cavalo grande e saudável não é uma tarefa fácil e nos faz pensar sobre o tipo de organização social e os níveis de habilidade física e acuidade mental requeridos. Não é algo que a maioria de nós gostaria de fazer equipados unicamente com a tecnologia da idade da pedra.

Nossa condição humana reside na cooperação social e em uma flexibilidade de reação física e mental ao mundo, e as origens de todas essas habilidades nos fascinam. O fato de seres de meio milhão de anos atrás aparentarem possuir muitas das coisas que nos tornam humanos nos leva a refletir sobre algumas das questões mais profundas da existência humana. Esses seres eram muito diferentes de nós quanto à forma física; sendo assim, qual é a relação entre a natureza de corpos e cérebros (em suma, a biologia) e a cultura? Sua gama de cultura material (pelo menos aquela que sobrevive) parece carecer de elementos de decoração e estilo que associaríamos com toda cultura material moderna que conhecemos dos últimos 50 mil anos. Isso importa? Indica uma apreciação menos plena e profunda dos mundos material e social? A ausência de conteúdo estilístico e simbólico de sua cultura material indica que essas criaturas careciam do sistema simbólico mais sofisticado de todos – a linguagem? Os gestos, os grunhidos e a partilha de alimentos eram tudo o que se passava entre elas? Ou sentavam e discutiam a matança do cavalo por semanas e meses depois? É claro que não sabemos, e jamais saberemos ao certo, mas essas são as questões que mais nos interessam.

A escavação arqueológica é muitas vezes descrita como passar do conhecido ao desconhecido; trabalhar com depósitos e sequências em áreas do sítio que são bem conhecidas e em outras que não o são. O processo de inferência que cria a pré-história segue uma sequência similar. Partimos dos restos da confecção de ferramentas de pedra e do corte de carne, que os métodos de reconstrução desenvolvidos ao longo do último século nos permitem compreender com alguma certeza. Então, passamos do nódulo de sílex reconstruído com o esboço de um biface no centro às ações manuais que o produziram, ao uso da ferramenta faltante para trinchar o cavalo, à natureza das habilidades físicas e sociais que estão por trás desses atos e a suas consequências sociais e individuais. Os estudiosos da pré-história precisam estar sempre atentos, com relação a si mesmos e também aos demais, para saber quando saem do terreno das certezas razoáveis e passam a fazer inferências não tão embasadas. As questões que somos levados a entender estão sempre nas áreas de menor incerteza e, portanto, uma abordagem cautelosa demais nos deixará atados ao mundo fascinante mas essencialmente trivial das tecnologias das ferramentas de pedra ou das práticas de carniçaria. Podemos abrir mão da cautela, sobretudo em um volume sintético como este, em busca do grande panorama, afastando-nos cada vez mais das inferências seguras que os analistas de pedras ou ossos podem fornecer e despertando, não sem motivo, seu desprezo: "Não há como ter certeza sobre *isso*".

Escrever a pré-história é uma questão de equilíbrio. O imenso escopo da pré-história (atualmente, cerca de 6 milhões de anos) nos leva às grandes perguntas acerca do que nos torna humanos, tanto como indivíduos quanto como membros de grupos. A dificuldade e a escassez de evidências nos tornam desconfortavelmente cientes de que o esforço imaginativo necessário para compreender o passado pode facilmente nos levar à fantasia, a projetar nossas visões prosaicas do mundo na grande tela da pré-história humana. A escrita de uma pré-história deriva, em parte, dos resultados da arqueologia, das coisas que as pessoas descobriram e trataram de explicar e, em parte, da consciência crítica acerca de nossos preconceitos e pressupostos. Um paradoxo central da pré-história é que estamos interessados no passado porque ele foi diferente do presente, de modo que o estudo da pré-história pode trazer contribuições vitais à compreensão do passado e do presente da humanidade. Mas, uma vez que a pré-história foi diferente, não pode ser entendida tal como entendemos o mundo hoje.

Se uma máquina do tempo nos levasse de volta às praias de Boxgrove há meio milhão de anos, ficaríamos profundamente chocados com o que encontraríamos. Não conseguiríamos compreender de imediato os modos de agir dos hominídeos (eles não agiriam como outros macacos, tampouco como humanos plenamente modernos) e provavelmente estaríamos menos interessados em estudá-los do que em sobreviver. Eles permitiriam que nos uníssemos ao grupo ou nos veriam como uma ameaça? Como descobriríamos isso sem que houvesse consequências fatais? Haveria reconhecimento mútuo de certa humanidade em comum, separando-nos de outras espécies? Ou eles se sentiriam mais identificados com as hienas, parte constante de seu meio imediato, do que conosco? Se nos uníssemos ao grupo, seríamos capazes de desenvolver habilidades que lhes fossem úteis? Não estou seguro de que conseguiria aprender a usar uma lança para abater um cavalo galopante ou confeccionar um bom biface e cortar a carne antes que as hienas chegassem, mas talvez pudesse cuidar das crianças. O que a granulação da carne de cavalo faria com nossas obturações? Qual seria nossa responsabilidade para com o grupo? Deveríamos lhes contar que o mais severo frio glacial já experimentado na Bretanha expulsaria seus descendentes da região? Ou sugerir que alimentos cozidos talvez fossem uma boa ideia? Voltando ao presente, nossas anotações detalhadas e gravações em vídeo atrairiam o interesse imediato tanto da mídia quanto da academia, mas uma fotografia instantânea da vida há meio milhão de anos seria necessariamente mais informativa do que a história apresentada pela arqueologia, a qual, embora fragmentária, abrange um longo período? Todas estas são perguntas sem respostas fáceis e óbvias.

Boxgrove nos remete a um estágio inicial da pré-história europeia. Por um tempo, houve boas razões para ser considerado o mais antigo sítio arqueológico na Bretanha (hoje, conhecemos alguns sítios que possivelmente têm o dobro em idade). O *The Times* descreveu uma tíbia proveniente de Boxgrove como indício do "primeiro europeu". Sem sombra de dúvida, este continua sendo o sítio mais bem preservado e explorado de uma época tão remota. Obviamente, não sobrevivem palavras escritas nem orais desse período (na ausência de nossos hipotéticos viajantes do tempo), e esta é a definição de pré-história. É a época antes das palavras. A pré-história é o que compreendemos com base em nossos indícios físicos. Que forma a pré-história deve assumir, se não podemos escrever os tipos de relatos detalhados do passado que são possíveis quando contamos com histórias orais ou escritas? A totalidade de vestígios pré-históricos dá conta de sua profundidade humana, de nossa falta de acesso às sensações, ideias e experiências cotidianas? Estas são perguntas fundamentais que tentarei esclarecer no decorrer deste livro.

Encerrando a pré-história

Começamos a examinar o que a pré-história poderia ser, mas não lidamos com a questão de quando foi. Boxgrove abre uma janela para o passado distante da Bretanha. Por mero acaso, a pré-história terminou quando Júlio César chegou à costa sul, a não muitos quilômetros de Boxgrove. Os autores de *1066 and All That* assim começam sua memorável história da Bretanha (composta unicamente de datas e acontecimentos que a maioria das pessoas recorda): "A primeira data na história inglesa é 55 a.C., ano em que Júlio Cesar (o *memorável* imperador romano) chegou – assim como todos os outros invasores bem-sucedidos destas ilhas – a Thanet". O fato de que César não era um imperador não deveria tornar menos verdadeira a afirmação geral de que a história britânica começa, ainda que de maneira fragmentária, com os relatos de Júlio César sobre sua invasão. Esse período proto-histórico só ganhou cobertura histórica mais completa anos depois, durante o período romano, e mesmo desde então há muitas áreas da vida não iluminadas por relatos escritos. Embora tardia em comparação com lugares como a Mesopotâmia, cujas histórias datam de uns 3 mil anos antes de César, a passagem da pré-história à história na Bretanha antecede em muito a encontrada em várias partes do mundo. Em alguns lugares, como a Papua Nova Guiné, a pré-história terminou durante a memória viva dos idosos.

Ongka ficou apavorado. Eu o deixarei usar suas próprias palavras (traduzidas) para descrever os acontecimentos. O fato de que suas palavras sobrevivem é crucial.

> Quando vieram os primeiros aviões dos homens brancos, eu estava à beira de um riacho. Havia vários de nós, velhos e jovens, todos trabalhando na confecção de machados de pedra. Pensei ter escutado um dos marsupiais que rosnam conforme se locomovem, cuja cauda é parecida com a dos lagartos. Perseguimos o barulho por entre os arbustos; continuava se movendo à nossa frente, e não conseguíamos alcançá-lo. Então, olhamos para cima e vimos que estava no céu e falamos: "É uma espécie de bruxaria vinda para nos atacar e nos devorar!". Discutimos a respeito: era mesmo bruxaria ou era um grande calau ou uma águia? Alguns diziam que era um trovão enlouquecido que descia do céu. Então, foi embora, e falamos que mais tarde descobriríamos o que era [...] Mais tarde, vimos o próprio Jim Taylor [Taylor foi um oficial de governo que acompanhou Mick e Dan Leahy, dois prospectores de ouro, às Terras Altas da Nova Guiné], ele se aproximou e pediu suprimentos para seus muitos emissários. As pessoas levaram a ele cana-de-açúcar, batata-doce, banana e porco. Ele tirou dos bolsos de trás da calça uma grande concha colorida de cauri, do tipo que apreciávamos, mostrou-lhes e eles disseram: "Oh! Ele tem um grande cauri e o tirou do próprio traseiro!". Foi assim que conhecemos o homem branco. (Ongka, 1979: 5-6)

A pré-história terminou para Ongka e outros do grupo kawelka às dez da manhã do dia 8 de março de 1933, quando a expedição de Leahy sobrevoou as Terras Altas da Nova Guiné pela primeira vez em um biplano fretado da Junkers, em busca de áreas promissoras para a prospecção de ouro.

Duas semanas depois, eles aterrissaram, os primeiros homens brancos a adentrarem as áreas densamente povoadas das Terras Altas da Nova Guiné, colocando fim ao processo pré-histórico. A expedição de confecção de machado em que se encontrava Ongka foi provavelmente a última realizada pelos kawelka, já que a pedra foi substituída pelo aço como ferramenta de corte e pelas hoje comuns conchas marítimas como uma forma de dote. O fim da pré-história foi filmado por Mick Leahy, que levou consigo uma câmera cinematográfica de 16 mm e fez várias horas de filmagem, além de tirar mais de 5 mil fotografias 35 mm com uma Leica. Posteriormente, essas imagens foram incorporadas em um filme chamado *Primeiro contato*, de Anderson e Connolly, junto com os testemunhos de pessoas locais que rememoram esses acontecimentos.

A maioria das pré-histórias não termina de maneira tão súbita quanto a das Terras Altas da Nova Guiné. Os grupos do interior da Nova Guiné estão entre os últimos no mundo a entrar no âmbito da documentação histórica, um processo que teve início há 5 mil anos. Os primeiros escritos de que temos conhecimento vêm do complexo do Templo de Eanna, em Uruk, um sítio arqueológico na Mesopotâmia (no atual Iraque). Os escritos vêm na forma de *bullae*, esferas ocas de argila com selos carimbados por toda a superfície, que muitas vezes contêm uma série de fichas de argila em seu interior. Os carimbos, que logo são transferidos para tábuas de argila, são muito variados, mas se reconhece que são ancestrais dos signos cuneiformes, que surgem pela primeira vez por volta de 3 mil a.C. Os primeiros carimbos têm forma pictográfica: pequenas imagens que são versões estilizadas das coisas que representam. E a maioria das coisas que representam são plantas e animais. Os escritos mais antigos surgiram

2. Ongka em discussão.

da visão, e não do som. Os sistemas de escrita silábicos, com base fonética, apareceram pouco a pouco e foram capazes de representar conceitos abstratos, para os quais não podia haver imagem, e o som da linguagem. Foi só quando o acádio superou o sumério como a principal língua falada, após

2.300 a.C., que os sistemas de escrita silábicos se tornaram predominantes. Os primeiros sistemas de escrita não eram usados para poesia ou formas de expressão criativa, e sim para contabilidade: manter um registro de plantas, animais e produtos manufaturados desde o momento de produção até as várias formas de troca. Este é um atrativo imediato da pré-história: é o período antes de os contadores dominarem a Terra. Só mais tarde a poesia épica foi registrada em texto, e acredita-se que *A epopeia de Gilgamesh* seja o primeiro poema escrito que sobrevive. Em outros lugares, a escrita surgiu mais ou menos na mesma época, mas provavelmente sob influência mesopotâmica. A escrita hieroglífica do Egito é totalmente diferente da cuneiforme quanto à forma, mas há indícios de influência da Mesopotâmia e uma ausência de quaisquer sinais anteriores à escrita tais como os encontrados nas *bullae* mesopotâmicas. Os escritos elamitas do Irã se inspiraram nos cuneiformes, e é provável que ambos tenham influenciado o primeiro sistema de escrita dos hindus (hoje, Paquistão e Índia). A China claramente teve sua própria trajetória rumo à escrita, mas também usando um sistema pictográfico, assim como grupos da América Central, tais como os astecas e os maias.

O início da história não é um processo ou acontecimento único; os registros marcam um início gradativo e associado com uma série de razões.

A pré-história termina pouco a pouco, por vários motivos. O impulso por explicar as coisas desconsiderou a maior parte da existência, de modo que há pouca documentação histórica real de muitos aspectos da vida da maioria das pessoas. A vida doméstica, a natureza da infância, as relações entre homens e mulheres ou entre as pessoas e seus deuses, a rotina diária de trabalho e lazer só podem ser reconstruídas para períodos posteriores e usadas para ajudar a entender os anteriores. A ausência de conceitos abstratos nos primeiros sistemas de escrita pictográficos significa que nosso desejo de compreender filosofias abstratas ou formas de amor e ódio não é correspondido durante o primeiro milênio de existência dos sistemas de escrita. Em muitas regiões, os períodos que deixaram registros escritos são intercalados com "eras escuras", iletradas. A escrita pictográfica dos minoicos que se desenvolveu a partir de 1.600 a.C. foi decifrada originalmente por Michael Ventris, usando técnicas de decodificação desenvolvidas durante a Segunda Guerra Mundial. O sistema de escrita era pictográfico, mas também mostrou ser uma forma primitiva de grego, o que foi uma surpresa para muitos, já que indicava continuidades de longo prazo entre, no mínimo, a última Idade do Bronze e o presente. Assim como os mesopotâmicos, os minoicos em palácios como Cnossos eram obsessivos por fazer listas, registrando os detalhes de produção e transações de uma maneira que torna a leitura encantadora e fascinante. Aprendemos muito sobre criação de ovelhas, produção têxtil, potes e panelas, mas quase nada sobre as contexturas da vida das pessoas.

Então, por volta de 1.200 a.C., esse processo é interrompido. Os palácios entram em colapso tanto em Creta quanto na Grécia continental, levando consigo a necessidade de um sistema de escrita. Voltamos a um período de pré-história.

A partir do século VIII a.C., a escrita reaparece, mas desta vez é o sistema silábico grego (tomado dos fenícios) que perdura até o presente, embora passando por modificações. Ao contrário da escrita Linear B dos contadores que vimos anteriormente, agora escutamos a voz de um poeta.

Há muito debate sobre a pessoa e os escritos do poeta Homero (ele foi um único indivíduo ou um conjunto de tradições personificado sob um mesmo nome? Até que ponto seus relatos refletem a visão de mundo da sociedade da Idade do Bronze ou visões da época em que foram escritos?). De uma coisa podemos ter certeza: a história da Guerra de Troia permanece conosco até o presente e, junto com a filosofia posterior de Sócrates, Platão e Aristóteles, forma parte dos fundamentos da cultura ocidental. Embora as tradições históricas antigas tenham sido recriadas e reinventadas durante o mundo romano, o Renascimento e o Iluminismo, e embora grande parte da influência de Aristóteles sobre a Europa

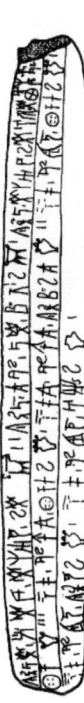

"Dois caldeirões com tripé de manufatura cretense, do tipo *ai-ke-u*; um caldeirão com tripé com uma (?) única asa (?) em uma base; um caldeirão com tripé de manufatura cretense com os pés queimados, (?) imprestável; três (?) jarras de vinho; um *dipas* grande com quatro asas; dois *dipas* grandes com três asas; um *dipas* pequeno com três asas; um *dipas* pequeno sem asas."

3. A escrita Linear B e sua tradução.

tenha vindo pelo mundo árabe, há uma continuidade de tradição escrita entre a Grécia do século VIII a.C. e os dias de hoje que não é encontrada em períodos anteriores, cujos sistemas de escrita precisaram ser redescobertos e decifrados. As questões de continuidade e descontinuidade das tradições escritas nos fazem perceber que nem todas as formas de escrita são iguais e, portanto, nem todos os períodos históricos produzem histórias do mesmo tipo. Durante grande parte da história escrita, a capacidade de ler e escrever foi restrita à elite e nos fornece um registro (parcial, aliás) de seus interesses e visões de mundo. Da massa da humanidade, aprendemos pouco ou nada.

Na história há também penumbras, às vezes conhecidas como proto-história. Tais formas costumam incluir o relato de Júlio César sobre o sul da Bretanha durante sua invasão infrutífera de 55 e 54 a.C. *Veni, vidi, vici* é uma afirmação retórica contundente de um mestre da arte, mas sem muito conteúdo informativo ou precisão histórica. Não podemos levar ao pé da letra os relatos dos (supostos) vitoriosos. Mais intrigante é o relato de uma jornada de Píteas, o Grego – provavelmente à Bretanha, via Gália –, no século III a.C., que não sobreviveu aos nossos dias mas que pode ser meticulosamente reconstruído com base em fontes secundárias. E como entender os incas, que usaram um sistema de cordas com nós atadas a uma corda circular (um *quipo*), mas careciam de um roteiro escrito? O uso do *quipo* desapareceu logo após a invasão espanhola, e não sabemos exatamente como funcionava. Os nós nas cordas provavelmente atuavam como mnemônicos para um sistema de conhecimento mantido sobretudo na cabeça dos especialistas, em que as posições dos nós nas várias cordas faziam-nos recordarem o conhecimento que penosamente haviam consignado à memória. Quando os especialistas desapareceram, devido aos efeitos destrutivos da invasão espanhola, os nós perderam seu significado. Os incas são um caso raro, possivelmente único, de organização estatal que sobreviveu sem um sistema de escrita e um método de contabilidade, o que os situa entre a história e a pré-história tal como esses termos costumam ser definidos.

Se a pré-história é um conceito tão nebuloso, por que nos ocuparmos dele e para que ele serve? A palavra foi usada pela primeira vez em 1832, mas só adquiriu uso corrente após a publicação em 1865 de *Prehistoric Times,* de Sir John Lubbock (ainda em circulação em 1912, um verdadeiro best-seller vitoriano). Termos alternativos, tais como ante-história, nunca deslancharam. O conceito tornou-se realmente necessário devido a uma expansão do universo imaginativo durante o século XIX e à revelação de espaços de tempo maiores para a história humana e biológica. No início daquele século, a maioria das pessoas que pensavam a esse respeito acreditava em uma cronologia bíblica, levando o livro do Gênesis ao pé da letra. O bispo Ussher, no final do século XVIII, estimou que a Terra fora criada em 4.004 a.C., o que nos parece ridículo não só por sua brevidade, como também por sua precisão. Tal estimativa poderia parecer um subproduto meio cômico de uma história intelectual mais antiga (embora todos estejamos cientes de que nossos próprios erros provocarão um sorriso amarelo daqui a um século), não fosse pelo fato de que a crença em uma história breve para a Terra vem crescendo novamente. A crença criacionista é centrada na precisão factual da Bíblia como guia para a história mundial e no papel crucial de Deus, como criador divino, naquela história. O debate entre os arqueólogos e os criacionistas é visto como parte de uma discussão contínua entre ciência e religião, com os criacionistas condenando uma ciência árida que mina formas consagradas de fé e crença, e os arqueólogos insistindo na importância de conceitos e resultados que estão abertos a questionamentos, críticas e reavaliações. A pré-história representa um campo de batalha para diferentes visões de mundo: os arqueólogos vislumbrando um passado de 6 milhões de anos para nossos primeiros ancestrais humanos, os criacionistas negando a existência de qualquer pré-história, já que toda a nossa existência é abrangida do Gênesis em diante.

A pré-história tem relações implícitas com a ausência da escrita. Ser civilizado é ser letrado e, portanto, ler e escrever são a base de toda educação e grande parte de nosso aperfeiçoamento como seres humanos cultos e sensíveis. As pessoas que não têm a capacidade de ler e escrever são tolhidas de muitos mundos de imaginação, educação e experiência. Os períodos pré-históricos são não só aqueles dos quais temos indícios insuficientes, como também períodos em que a vida das pessoas era deficiente, já que carecia das influências civilizadoras das palavras escritas. Tais visões, antes de serem preconceitos explicitamente declarados, estão implícitas em nossas atitudes para com o passado, mas têm seus efeitos da mesma forma. Existem, é claro, visões opostas, sustentadas por pessoas com valores culturais diferentes. Para os povos aborígenes da Austrália, o conceito de pré-história é suspeito. O todo da história humana e pré-humana é contido na noção do Sonho. O Sonho foi uma época, infinitamente remota, em que os ancestrais locomoviam-se pela paisagem criando a forma daquela paisagem e dando-lhe significância cósmica. Um arvoredo, uma formação rochosa ou um rio eram todos criados por cobras, tubarões, lagartos-monitores ou outras formas ancestrais e recebiam não só uma forma como um papel na vida das pessoas, de modo que alguns lugares eram perigosos, alguns tinham poderes benéficos e outros eram ambíguos. As pessoas de hoje têm o dever de proteger a paisagem e de tratá-la da forma correta, e tais deveres são registrados e codificados em histórias, danças e formas de arte. A iniciação na sociedade é por meio de uma educação nessas formas de conhecimento, sendo que as mais poderosas estão restritas a poucos. Antes da chegada dos brancos, em 1788, nada era escrito, mas toda a história significativa era registrada e transmitida de formas culturalmente adequadas. O conceito de pré-história referindo-se a um tempo esquecido, fora do alcance das histórias escritas, que precisa ser descoberto pela arqueologia, é desconcertante e potencialmente ofensivo, tornando difíceis as relações entre os povos aborígenes e os arqueólogos não aborígenes. Em tais situações, a pré-história é uma área de debate e conhecimento sobre o passado que está intimamente relacionada com o controle da vida no presente.

A pré-história é muda e silenciosa. É história com todas as palavras eliminadas. Para muitos, isso parece não deixar muito, e eles anseiam por alguns indícios diretos das ideias, sensações e experiências dos povos do passado pré-histórico. Não só é uma perda de tempo esperar coisas que não podem existir como – o que é muito mais importante – essa abordagem não percebe o que a pré-história pode nos contar. As palavras são só uma parte da experiência humana. Eu, o escritor, e você, o leitor deste livro, somos muito logocêntricos; gostamos de palavras, de seus sons e significados e, sobretudo, de suas formas escritas. Todos os nossos anos de escola e grande parte de nossa experiência colocaram as palavras no centro de nossas vidas. Mas a vida é mais que isso. Muitas de nossas habilidades físicas, nossa capacidade de sentir e apreciar coisas materiais e outras pessoas não vêm das palavras, e tampouco o que nos agrada, incomoda ou aborrece no mundo pode ser colocado facilmente em palavras. É nossa experiência do mundo físico e social fora das palavras o que nos vincula à pré-história, e é a natureza dessa experiência que quero explorar.

Enigmas da pré-história 1

Antes de continuar, pensemos na *sua* pré-história. A pré-história é o aspecto da vida que está além do alcance das palavras. A maior parte da pré-história fica no passado, mas durante toda a nossa vida há elementos que temos dificuldade de colocar em palavras, principalmente porque eles são as partes de nossa vida que damos por certas. Os objetos familiares e a capacidade de usá-los são aspectos básicos da existência de todos nós. A familiaridade pode levar ao descaso, mas também pode dar forma prática e emocional a nossa vida cotidiana. Certa vez, dei uma aula sobre estudos de cultura material em uma universidade em Melbourne, onde eu costumava lecionar. Para quebrar o gelo e fazer as pessoas pensarem nas coisas materiais em um nível pessoal, pedi que os alunos enchessem um metro cúbico de espaço imaginário com coisas que contassem a história da vida deles e significassem algo para eles. A reação de dois alunos ficou gravada em minha memória. Um disse que já havia feito isso na vida real. Sua casa, na fronteira de Melbourne, fora ameaçada pelas queimadas de Ash Wednesday em 1983, e por isso ele e sua família precisaram evacuá-la, levando consigo só o que cabia em um carro. Eles tiveram de fazer uma escolha quase instantânea e preferiram coisas que contavam a história da vida de cada um dos quatro e também sua história como família – um violino, um estojo de pintura, joias, brinquedos favoritos para as crianças e o álbum de fotos da família, mais uma muda de roupa para cada um. Ele disse que todos perceberam, sem pensar muito a respeito, que sem determinados objetos sua vida jamais seria a mesma novamente, e essas foram as coisas que eles levaram. Felizmente, a casa não foi atingida pelas queimadas, mas sua sensação sobre ela e as coisas lá dentro mudou de forma irrevogável. A segunda aluna havia perdido o pai há pouco tempo. Ela disse que a parte mais comovente do velório foi quando cada membro da família imediata colocou um objeto no túmulo que mais lhe fazia lembrar o pai dela e sua relação com ele. O túmulo foi preenchido e os objetos foram enterrados com ele. Ela contou que escolher os objetos fez com que todos eles pensassem profundamente no pai dela, em sua relação com ele e em sua perda, ajudando-os a suportar uma morte inesperada.

O que acontece se você realiza o mesmo experimento teórico? Que áreas da vida são cruciais, derivam sobretudo de um vínculo com os objetos e, em parte, situam-se além do alcance das palavras? Com quais você preencheria seu metro cúbico de espaço ou resumiria um relacionamento com alguém muito próximo? Todos temos nossas pré-histórias, mesmo no mais bem documentado dos séculos, e elas são vitais para nosso bem-estar emocional, intelectual e social.

Capítulo 2
Os problemas da pré-história

A ideia de pré-história surgiu de forma gradativa entre o século XVI e o início do século XIX, mas cresceu e se tornou influente durante os debates sobre evolução em meados do século XIX. A determinação de uma pré-história de longa duração é uma das grandes conquistas daquele século, tão importante para transformar a visão de mundo das pessoas como as viagens de descobrimento dos trezentos anos anteriores. O descobrimento das Américas foi um profundo choque para os europeus, levando-os a questionar de onde vieram todos os povos daquele novo continente, já que nenhum era mencionado na Bíblia, e que tipos de relação criaram e espalharam os vários povos pelo mundo. A constatação de uma longa pré-história teve o mesmo impacto que a descoberta de um novo continente, com sua própria miríade de estranhas formas de vida, exceto que alguns dos habitantes do continente da pré-história eram definitivamente ancestrais daqueles que a escreviam. Para lugares como a Bretanha, onde a identidade é e sempre foi objeto de disputa, a ancestralidade era problemática – os ancestrais dos bretões são os normandos, os anglo-saxões, os romanos, ou agora os celtas e, com efeito, possivelmente os povos pré-célticos? Se os bretões são um povo de ancestralidade mista, como avaliar a mistura de idiomas, genes, artefatos e paisagens do passado? As mesmas perguntas surgem para nigerianos, brasileiros, norte-americanos ou chineses.

As identidades nacionais e pessoais eram problemáticas, e também, conforme veremos, as de raça e classe, mas algumas questões mais profundas de identidade que vieram à tona durante os debates do século XIX nunca desapareceram. Em uma famosa reunião da Associação Britânica para o Avanço da Ciência no Museu de História Natural da Universidade de Oxford, no sábado, 30 de junho de 1860, o bispo de Oxford, Samuel Wilberforce ("Sam, o Meloso"), confrontou Thomas Huxley, "o buldogue de Darwin", diante de uma audiência de cerca de setecentas pessoas. Foi uma reunião de grandes emoções, em que a senhora Baxter desmaiou, a audiência suspirou, riu e aplaudiu e ninguém mediu palavras (pelo menos nos famosos relatos que são lembrados até hoje). Wilberforce perguntou a Huxley se ele descendia de um macaco por parte de avó ou de avô, mas a resposta foi que era melhor descender de um macaco do que de um bispo, vinda não de Huxley, mas de Hooker, outro pró-darwinista.

Esse confronto vagamente lembrado cristalizou o espírito do debate, que parecia ser sobre o passado remoto, mas na verdade dizia respeito à identidade dos indivíduos no presente. Darwin postergara por muito tempo a publicação de *A origem das espécies,* que apareceu em 1859, temendo a controvérsia que provocaria e o possível dano a sua posição como membro da elite. Sua obra teve uma recepção mais complicada do que ele havia previsto e foi apropriada por diferentes tendências de crença e pensamento, convertendo-se em um teste perfeito para saber de que lado as pessoas se posicionavam nos debates de história e empirismo versus fé. Para nós, parte do mito de origem da pré-história diz respeito ao fato de a aceitação de uma longa pré-história significar a rejeição de uma cronologia bíblica que situava a origem do mundo em 4.004 a.C., e, portanto, uma vitória parcial da razão sobre a superstição, da ciência sobre a religião. Aqui reside o interesse contínuo pelo debate de 1860, que parece uma versão em miniatura de um choque mais amplo de valores sociais. No entanto, os cientistas costumavam vir de certas formações religiosas, tais como o quaquerismo, que sempre colocavam ênfase na investigação empírica e em verdades deduzidas pessoalmente em contraste com formas religiosas mais estabelecidas, entre as quais a Bíblia era a verdade crucial. Todas as controvérsias do século XIX eram, em certa medida, controvérsias religiosas, devido a uma maior religiosidade da época. Foi só no século XX e em uma sociedade mais secular que a ciência confrontou a religião de uma maneira mais simplista. A evolução e a pré-história são hoje verdadeiros clichês para visões extremas de ambos os lados, e a natureza da educação dos filhos veio a ser a prova de fogo. Considera-se que os estudiosos da pré-história estão do lado dos macacos, e não dos anjos, e geralmente eles se orgulham disso.

A escavação da caverna de Brixham em 1858 foi um passo fundamental rumo à aceitação científica de uma origem muito mais remota para os humanos. A teoria darwiniana clássica, centrada na ideia de descendência com modificação, sustentava que as modificações de geração em geração ou tornavam os descendentes mais adaptados a suas condições ambientais contemporâneas, ou os tornavam menos adaptados, ou não faziam diferença alguma. Os mais adaptados tinham melhores chances de sobreviver e gerar seus próprios descendentes, transmitindo suas características benéficas; os menos adaptados eram mais propensos a morrer antes de gerar descendentes: daí a sobrevivência dos mais aptos, uma codificação biológica do espírito competitivo do capitalismo. Para Darwin, a mudança ocorria por pequenas etapas e precisava de longos intervalos de tempo para se revelar, sobretudo quando se pensava em todas as mudanças necessárias para passar dos organismos unicelulares à absoluta complexidade dos seres humanos. Era impossível ver como isso poderia se encaixar na cronologia bíblica de apenas 6 mil anos desde a criação da Terra. A base empírica para escalas de tempo maiores veio de geólogos e biólogos. Durante a primeira metade do século XIX, houve debate sobre a "antiguidade do homem", para usar a terminologia da época, envolvendo uma série de sítios arqueológicos que poderiam fornecer vestígios confiáveis de que existiram seres humanos em companhia de animais extintos, tais como os mamutes e o rinoceronte-lanudo, não mencionados na Bíblia. Para os vitorianos, ver era crer, e o sítio arqueológico de Brixham apresentou provas visuais da antiguidade humana. Em 29 de julho de 1858, Pengelly, um membro fundador da Sociedade de História Natural de Torquay e organi-

BRIXHAM.

GREAT NATURAL CURIOSITY.

INTERESTING EXHIBITION ! !

THE
"Ossiferous Cavern"

Recently discovered on Windmill Rea Common, will be exhibited for a short time only, by Mr. PHILP, who has just disposed of it to a well-known scientific gentleman.

Those who delight in contemplating the mysterious and wonderful operations of nature, will not find their time, or money mis-spent, in exploring this remarkable Cavern, and as the fossils are about to be removed, persons desirous of seeing them had better apply early.

Many gentlemen of acknowledged scientific reputation, have affirmed that the stalactitic formations are of the most unique and interesting character, presenting the most fantastic and beautiful forms of crystallization, representing every variety of animal and vegetable structure.

Here too, may be seen the relics of animals that once roamed over the Earth before the post-tertiary period, or human epoch.

THE BONES AND TEETH, &c., OF

HYENAS, TIGERS, BEARS,
LARGE FOSSIL HORNS

of a Stag, all grouped and arranged by an eminent Geologist.

N.B. Strangers may obtain particulars of the locality, &c., of the Cavern, on application to Mr. BROWN, of the Bolton Hotel; or at the residence of the Proprietor, Spring Gardens.

THE CHARGE FOR ADMISSION TO THE "CAVERN," SIXPENCE.
Children will be admitted for FOURPENCE.

Brixham, June 10th, 1858.

EDWARD FOX, PRINTER, &c., BRIXHAM.

4. A primeira divulgação de descobertas na caverna de Brixham, onde mais tarde foram encontradas ferramentas de pedra junto a vestígios de animais extintos.

zador das escavações na fenda conhecida como Bone Cave, em Brixham, encontrou sua primeira ferramenta de sílex sob oito centímetros de estalagmite e em associação com ossos de rinocerontes e de hienas. O lugar foi visitado por nobres estudiosos das várias sociedades geológicas, arqueológicas e antropológicas, impressionados com o cuidado e a precisão da escavação e do registro de Pengelly, mas sobretudo chocados com a associação entre objetos indubitavelmente humanos e animais extintos vindos de uma etapa diferente e anterior da história da Terra. Logo outros sítios foram reexaminados, em especial os cascalhos do rio Somme (onde foi travada a última batalha), antes desprezados pelos britânicos, que os consideravam um exagero por parte dos franceses, onde ferramentas de pedra também haviam sido encontradas com ossos de rinoceronte alguns metros abaixo da superfície.

Tendo visitado Brixham e Abbéville no norte da França, Sir Charles Lyell, o mais influente geólogo da Grã-Bretanha, deixou de lado seu ceticismo anterior sobre a "idade do homem" e discursou na reunião da Associação Britânica para o Avanço da Ciência em Aberdeen, em 18 de setembro de 1859. Lyell ter mudado de ideia era um sinal de que a elite intelectual britânica estava se abrindo à possibilidade de que a pré-história fosse imensamente longa, colocando os modos de vida recentes em perspectiva. Em sua palestra, Lyell mencionou de passagem a publicação vindoura de um livro que, em sua opinião, teria certa influência sobre o pensamento acerca de questões de escala de tempo e relações entre as pessoas e a natureza. O livro era *A origem das espécies*, que apareceria em 24 de novembro de 1859.

Uma consequência do pensamento darwiniano é a genética moderna. O Projeto Genoma Humano, que visa sequenciar pela primeira vez um genoma humano completo, concluiu que cada um de nós possui cerca de 30 mil genes, aproximadamente um terço do número das estimativas anteriores. Em muitos aspectos, a pequenez de nosso genoma é uma demonstração conclusiva das ideias derivadas de Darwin, que enfatizam sermos parte da natureza, já que compartilhamos a maioria de nossos genes com outras espécies. O autor de uma carta enviada ao jornal *Guardian* dizia não saber mais se é um homem ou um rato, já que existe surpreendentemente pouca diferença genética entre os dois. Por outro lado, nossa proximidade genética com todas as outras espécies ressalta o fato de que somos diferentes. Nossa herança genética comum torna praticamente impossível defender uma base genética para a cultura. Não há genes exclusivamente humanos em quantidade suficiente para que se possa encontrar aí uma explicação para a complexidade cultural. Somos culturais, eu diria, não devido à biologia, e sim porque as coisas materiais estão tão profundamente envolvidas em nossas relações sociais (ver Capítulo 3). Alguns veem uma divisão entre cultura e natureza, na qual a vida humana está associada a criar artefatos, animais, plantas e paisagens domesticadas, sendo a marca humana tão avassaladora que precisamos atribuir tais elementos à cultura, e não à natureza. A natureza é hostil e é a parte do mundo que escapou à influência humana. Parte da natureza não está fora de nós, mas dentro, dotando-nos de uma base instintiva para a vida, normalmente vista como o egoísmo do indivíduo (ou de seus genes) encerrado em uma luta contra todos os outros organismos (humanos ou não) para prosperar. Mas nem todo mundo divide natureza e cultura.

Todas as formas de entender o mundo são socialmente fundamentadas e construídas por meio da ação no mundo, que nos ensina sobre as propriedades desse mundo. Todos os seres humanos têm ideias preconcebidas acerca de como o mundo funciona, as quais são colocadas em risco por meio da ação. Nem é preciso dizer que todos vemos o mundo à nossa própria imagem, mas podemos estar equivocados. Uma ênfase no indivíduo como a unidade de seleção e como a base para a luta de todos contra todos faz sentido para os ocidentais, que durante duzentos anos foram encorajados, em termos sociais e culturais, a verem a si mesmos como indivíduos soberanos. Nem todos veem o mundo da mesma maneira.

Por exemplo, os pigmeus mbuti da floresta tropical de Ituri, no Zaire, referem-se à floresta como "Mãe" ou "Pai", e não só porque esta lhes dá comida, abrigo, vestuário e proteção: assim como uma mãe ou um pai, a floresta lhes dá afeto. Os batek da Malásia concebem a si mesmos como possuidores de um conjunto de relações muito próximas com as plantas, os animais e os *hala'* (os espíritos criadores que originaram tanto as pessoas quanto o mundo da floresta e cuidam deles). Segundo Tim Ingold, ao compreender tais percepções do mundo não devemos ver as relações primárias como sociais (pai-filho), que então são projetadas sobre o mundo natural (a floresta), e sim entender que todas essas noções e relações são uma coisa só. A sociedade não existe antes da natureza ou vice-versa; ambas existem dentro de uma rede contínua de relações que se desdobram por meio da ação. As florestas também têm intenções e emoções, às quais os seres humanos devem ficar atentos; assim, caçar e coletar na floresta não é só uma questão de tecnologia e preparo adequados, mas de respeito e compreensão para com todas as relações em que as pessoas estão enredadas. A criação de uma biologia evolutiva nesses termos (se isso fosse culturalmente necessário ou possível) não partiria do indivíduo ou do gene egoísta, já que conceitos como indivíduo ou egoísmo não seriam facilmente evocados pelos mbuti, por exemplo.

Se estamos tentando compreender os caçadores-coletores na Europa há 20 mil anos, podemos presumir que eles tinham sensações e visões de mundo similares às dos caçadores-coletores de hoje? A resposta a essa pergunta é, obviamente, "não". Não podemos fazer tal suposição. De maneira igualmente óbvia, não podemos presumir que nossa forma de ver o mundo, nossa própria cosmologia, será adequada, embora muitos comecem suas análises com base nesse pressuposto. Uma cosmologia esboça expectativas sobre o modo como as relações se darão, seja entre pessoas ou entre outros elementos do mundo. Uma cosmologia também especifica como as relações devem funcionar, se por meio de respeito, antagonismo, cuidado ou evasão. As cosmologias têm um elemento físico e um metafísico, descrevendo como o mundo funciona, como deve funcionar em um sentido moral e quais as responsabilidades que isso implica. Nossas ciências, tais como a biologia, têm um fundamento cosmológico, que deriva de valores culturais e sociais mais amplos, e isso também é válido para o modo de vida de outros povos. É necessária uma compreensão imaginativa para apreciar as cosmologias dos outros, e precisamos estar cientes da linha tênue que separa nossa imaginação da fantasia, um problema constante ao entender a pré-história.

Necessitamos de algumas ferramentas mentais para entender a vida dos outros, sobretudo quando estamos trabalhando com base em artefatos, sítios arqueológicos e paisagens sem o benefício das palavras. Um termo fundamental é "relação". O que poderíamos entender como entidades, tais como pessoas ou objetos, existe não em si mesmo, mas em sua relação com os outros. Todos estamos cientes de que em diferentes situações nos tornamos pessoas um pouco distintas. Com nossos pais, agimos de forma diferente do que com nossos filhos, e com um amigo podemos falar de esportes e política e com outro explorar nosso estado psicológico ou relações familiares. O encontro de grupos de amigos pode ser desconfortável, já que cada um deles espera de nós um determinado tipo de relação e personalidade. Se considerarmos o princípio de que as relações alteram as pessoas e o ampliarmos, podemos ver que várias formas sociais valorizam e privilegiam certos tipos de relação em detrimento de outros, e uma única pessoa pode percorrer redes de relações mudando ao longo do caminho. Uma sociedade é composta de um determinado espectro de relações, não encontrado em outros lugares, e as pessoas percorrem partes desse espectro no decorrer da vida. Não devemos esperar que os homens sempre apresentem atributos masculinos (definidos localmente), mas que assumam características femininas em determinadas circunstâncias, e que as mulheres possam explorar a masculinidade. Os atributos de gênero nunca são totalmente fixos ou invariáveis, e tampouco o são quaisquer outros aspectos da identidade das pessoas. Isso inclui o grau em que as pessoas existem como indivíduos separados ou como parte de um grupo. Como sabemos, às vezes nos destacamos como indivíduos, quando precisamos fazer uma apresentação, somos trazidos diante de um tribunal ou homenageados em uma festa. Em tais circunstâncias, nossas ações pessoais são visíveis, e nossa responsabilidade por elas pode ser questionada. Em outras ocasiões, tais como ao assistir a um bom filme ou durante a troca de presentes de Natal com a família, existimos primordialmente como parte de um grupo, compartilhando emoções com outros e tendo essas emoções reforçadas por serem compartilhadas.

Conforme vimos, as relações não existem apenas entre pessoas, mas também entre pessoas e coisas. Imaginemos a usuária do colar de Sunghir, feito de 3 mil contas, que viveu há 18 mil anos (ver Capítulo 3), parada na neve naquele que é hoje o norte da Rússia. Ela deve ter usado roupas de pele, costuradas com destreza e possivelmente decoradas; decerto tinha protetores oculares para proteger da claridade, sapatos de neve para caminhar e talvez trenós e outros dispositivos. Ferramentas de pedra, osso e chifre existiram em abundância em um assentamento onde havia casas feitas de ossos de mamute. Duas crianças estavam enterradas no assentamento de Sunghir com contas de marfim costuradas a suas vestes e gorros, acompanhadas de estatuetas e lanças de marfim. Em um ambiente marginal na última Era do Gelo ao norte do Círculo Polar Ártico, as pessoas haviam criado um mundo elaborado, no qual sua posição social e seu vínculo com os demais eram construídos por meio de formas complicadas de cultura material. Pensemos também nas Terras Altas da Nova Guiné, 6 mil anos antes de Ongka viver ali, onde o calor tropical só é modificado pela altitude e onde ocorreu uma invenção independente de agricultura. No alto da cordilheira central, as pessoas aprenderam a drenar pântanos para plantar grandes cultivos de raízes, tais como o inhame-coco, e árvores, como bananeiras. Aqueles que tinham acesso às terras pantanosas que eles haviam aprendido a usar de maneira produtiva eram mais capazes de participar de trocas de machados, conchas e plumas de aves-do-paraíso, todas elas definitivamente garantidas pela produção de alimento. As pessoas criavam a si mesmas e definiam-se socialmente por meio dos objetos que confeccionavam e usavam, descobrindo novas dimensões de humanidade. É, em essência, a variedade de dimensões humanas o que nos interessa; a pré-história é o período em que tantas dimensões foram exploradas e expandidas.

Parte de aprender sobre o passado é desaprender o presente, questionando e talvez descartando valores que tanto prezamos. Entender a pré-história é uma atividade ao mesmo tempo empírica e filosófica. Precisamos das escavações e das sondagens para obter informações seguras sobre o passado; igualmente, devemos questionar como vivemos, pensamos e nos sentimos para abrir nossa imaginação aos outros preceitos de vida que concebem o mesmo mundo de maneira diferente.

Em grande medida, a pré-história investigou as origens de pessoas "como nós". Surgida no século XIX, a pré-história foi criada sobretudo por homens brancos de classe média, que pareciam seguros quanto a sua identidade e superioridade. O calor gerado pelos primeiros debates sobre evolução e antiguidade humana mostra que os participantes eram tudo menos seguros em um período em que a religião confrontava a ciência, os vínculos imperiais internacionais reconfiguravam as questões de classe e o papel do Estado-nação e noções como "primitivo" eram usadas para criar o máximo de distância possível das classes trabalhadoras e das massas coloniais. Darwin é um bom leitmotiv para a época; sua saúde, constantemente debilitada, era uma manifestação física de sua preocupação com as implicações humanas da evolução e com o modo como essa ideia era recebida por seus colegas. A pré-história nasceu como uma série de etapas e estágios conduzindo a humanidade de pessoas como Eles – caçadores-coletores desafortunados vivendo à mercê de um ambiente instável, isto é, selvagens – a pessoas como Nós – que desfrutam de um estilo de vida urbano tornado possível graças à aplicação progressiva dos poderes da razão, que nos deram controle sobre o mundo físico por meio da invenção da agricultura (barbarismo), das cidades (civilização) e do industrialismo/imperialismo.

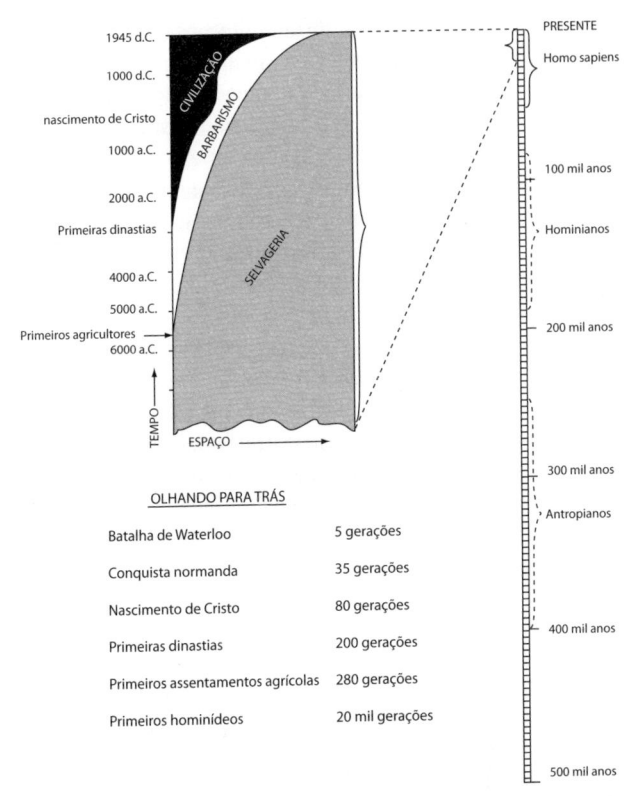

```
1945 d.C.                                                          PRESENTE
                  CIVILIZAÇÃO                                      Homo sapiens
1000 d.C.
              BARBARISMO
nascimento de Cristo
1000 a.C.
                                                                   100 mil anos
2000 a.C.
Primeiras dinastias                                                Hominianos
          SELVAGERIA
4000 a.C.
5000 a.C.                                                          200 mil anos
Primeiros agricultores
6000 a.C.

TEMPO
       ESPAÇO

                                                                   300 mil anos
OLHANDO PARA TRÁS
                                                                   Antropianos
Batalha de Waterloo                5 gerações
Conquista normanda                 35 gerações
Nascimento de Cristo               80 gerações
Primeiras dinastias                200 gerações                    400 mil anos
Primeiros assentamentos agrícolas  280 gerações
Primeiros hominídeos               20 mil gerações

                                                                   500 mil anos
```

5. A pré-história como um movimento da selvageria ao barbarismo e deste à civilização.

Mesmo para os europeus, a história triunfalista da pré-história sempre foi contraposta por uma narrativa mais obscura – Marx condenando o fato de que a riqueza material do capitalismo foi comprada à custa do empobrecimento espiritual; Weber lamentando a perda da magia em um mundo especializado, rotinizado e burocrático; Freud analisando a civilização e suas frustrações; Woody Allen, de forma mais sucinta, dizendo que seu "único arrependimento na vida é não ser outra pessoa". A pré-história expande as linhas narrativas entre os polos do ontem e do hoje, e a tensão que as mantém firmes depende da forma como concebemos esses polos. A pré-história, tal como existe ainda hoje, nasceu em um momento revolucionário em meados do século XIX, quando houve uma rápida reavaliação do passado e do presente, de modo que a tensão era palpável. Ao final do século XIX, o choque de nossa natureza animal havia sido enterrado sob uma narrativa da emancipação de nosso estado original por meio do uso da razão, materializada como tecnologia. Ao fim do século XX, a razoabilidade da civilização era mais difícil de se aceitar. O processo de descolonização fez a superioridade ocidental parecer um pressuposto duvidoso com base no qual escrever a história, e ganhava impulso a exploração de elementos da personalidade humana além da faculdade da razão. A tensão aparecia outra vez na escrita da pré-história. Em grande medida, a atual relação entre passado e presente varia em todo o mundo dependendo da atmosfera intelectual e política, uma variação que tratarei de explorar a seguir.

Enigmas da pré-história 2

A arqueologia já foi descrita como a ciência do lixo. A pré-história é o que entendemos daquele lixo. No início dos anos 1970, um grupo de arqueólogos criou o chamado Tucson Garbage Project, sob a liderança de Bill Rathje, trabalhando na cidade de mesmo nome no sul do Arizona. O objetivo era descobrir em que medida o que as pessoas jogavam fora refletia o modo como viviam e seus padrões de consumo. Tucson tinha então cerca de 360 mil habitantes, mais de um quarto dos quais descendentes de mexicanos. As amostras foram construídas considerando os distritos do censo urbano de 1966, de modo a obter uma gama de áreas com diferentes formações étnicas, situações econômicas e faixas etárias.

O Departamento Sanitário de Tucson analisou o lixo de 19 distritos do censo, e mais de 300 estudantes voluntários (tendo recebido as vacinas adequadas) classificaram o lixo em diferentes categorias de alimentos e dejetos domésticos.

Para três distritos, realizaram-se entrevistas para confrontar o relato das pessoas sobre seu consumo com o que ia para a lixeira. Havia diferenças consideráveis entre os dados obtidos pela "porta da frente" e pela "porta dos fundos". Algumas já eram previstas. O consumo de cerveja costumava ser subestimado, embora os lares de classe média fossem mais precisos do que os das classes trabalhadoras. Dos 33 lares que afirmaram nunca comprar cerveja, apenas 12 não descartaram latas de cerveja. Um lar "não consumidor" jogou fora latas suficientes para encher três caixas e meia. Parte da razão para a incompatibilidade era que muitos dos lares pobres viviam à custa dos cupons de alimento do governo, que não podiam ser usados para comprar cerveja, e não queriam que seus hábitos de compra da bebida fossem trazidos à atenção oficial.

O consumo dos lares mais pobres era menos econômico do que o dos mais ricos. Impossibilitados de comprar detergente ou cereal em embalagens grandes e econômicas porque o dinheiro era curto, eles compravam o que podiam, quando podiam. Os lares com renda mais alta e mais previsível conseguiam fazer economias de escala em suas compras. Houve um racionamento de carne em 1973, durante o qual a quantidade desse alimento jogada fora aumentou. Os pesquisadores perceberam que isso era porque as pessoas compravam carne em grande quantidade quando estava disponível e então, incapazes de comer tudo, jogavam fora mais do que de costume. Rathje e sua equipe estimaram que em 1974 cerca de 9,5 mil toneladas de comida terminaram nos aterros sanitários, somando entre US$ 9 milhões e US$ 11 milhões conforme os preços de 1974. Depois disso, Rathje continuou a fazer uma arqueologia dos aterros sanitários, escavando estratos de lixo para ajudar a completar sua compreensão do ciclo de descarte.

Até que ponto você acredita que o que vai parar na sua lixeira reflete sua idade, renda e classe? Com que precisão você consegue estimar o que consome e o que descarta? Algum de nós realmente sabe o que acontece com o lixo que geramos quando este sai de nossas lixeiras? Que novas medidas políticas e pessoais são necessárias para lidar com as montanhas de lixo que geramos?

O Tucson Garbage Project ajudou a ilustrar melhor as lacunas entre as palavras e nossas relações com as coisas, algumas delas previsíveis. Falamos e pensamos sobre o consumo de uma forma, mas o lixo que geramos fornece uma história diferente. Em períodos sem registros escritos, esse lixo é toda a história; onde as palavras são preservadas, elas demonstram a tensão entre pensamento consciente e discurso e ação.

Capítulo 3
Habilidades e experiências humanas

As mudanças nos cortes de cabelo, o estilo de vida extravagante, a obsessão por moda podem fazer com que, para muitos, seja difícil aceitar ou apreciar a natureza da inteligência de Beckham (substitua-o pelo esportista que preferir, se não estiver familiarizado com Beckham ou futebol; provavelmente podemos dizer coisas semelhantes de Michael Jordan ou Venus Williams). Mas, como muitas questões difíceis, esta gira em torno de um problema de definição. Só estou interessado em Beckham como esportista, no que é capaz de fazer em um campo de futebol. Ele consegue realizar proezas físicas que a maioria das pessoas não consegue; não só corre em torno de 16 quilômetros durante uma partida como consegue chutar uma bola para que caia no pé de um jogador do mesmo time correndo a 60 metros de distância. Em seguida, é capaz de correr para uma área do campo onde poderá receber a bola de volta; consegue driblar o adversário e fazer a bola contornar o goleiro. Consideremos o conjunto de aptidões necessárias para ser David Beckham. Há os níveis notáveis, mas basicamente desinteressantes, de condicionamento, flexibilidade e força. Mas há também – o que é mais importante – um conjunto de expectativas acerca da natureza dos aspectos físicos e sociais do jogo de futebol que são cruciais para o esporte e para minha argumentação. Quando está em forma, Beckham sabe o que vai acontecer com a bola ao chutá-la a uma determinada velocidade e com uma parte específica do pé. Ele é capaz de compensar um campo pesado e ensopado ou um dia de muito vento, embora nem sempre acerte. E mais: é capaz de se antecipar ao que seus companheiros de time e seus adversários estão fazendo e esperam dele. Quando tudo vai bem, é capaz de erguer o olhar enquanto corre com a bola, entender a configuração de seu próprio time e do adversário e fazer uma jogada que um oponente muito experiente não espera, mas alguém de seu time, sim. O futebol, um jogo de movimentos rápidos, combina perfeitamente uma série de habilidades sociais e materiais, todas as quais podem ser colocadas em prática no instante, sem o privilégio da reflexão. O treinamento, é claro, é vital. Passa-se muitas horas por dia chutando, correndo e chutando outra vez para construir o que se conhece como memória muscular: a capacidade dos músculos de agir na sequência adequada e com o devido grau de delicadeza e de força. Até mesmo uma ou duas semanas sem atuar são suficientes para que o jogador fique enferrujado. As táticas também são discutidas. Os pontos fortes e fracos do adversário, o que aconteceu no último jogo e o que pode ser aprendido com os vídeos de partidas anteriores. Mas as táticas são uma parte secundária da preparação, talvez importantes para dar aos jogadores a confiança de que estão preparados e têm um plano. São a ação instantânea no campo, os erros, a genialidade e as surpresas que viram o jogo.

Consideremos agora os hominídeos de Boxgrove, lanças em punho, aproximando-se em silêncio da tropa de cavalos (aqui, estamos avançando rapidamente sobre a linha que define conhecimento seguro). Para conseguir caçar, eles precisam alcançar o mesmo tipo de equilíbrio entre o material e o social. Agachados atrás dos arbustos ao redor do campo aberto onde a tropa pastoreia, não conseguem ver todos os outros membros de seu grupo, nem todos os cavalos. Precisam prever o que os cavalos e outros de seu grupo podem fazer, e essa previsão possivelmente tem de ser feita em uma fração de segundo. Quando saem do esconderijo para cercar um cavalo, eles entram em um terreno acidentado, lanças prontas para serem atiradas, e não terão muito tempo: é um cavalo grande, rápido e perigoso. A proeza individual ajuda, mas é realmente essencial que ajam em conjunto, sabendo o que os outros provavelmente farão e ajustando suas ações de maneira correspondente. A ação do grupo é a base para o sucesso. Assim como David Beckham – e muitos outros esportistas –, as habilidades e a inteligência deles são mostradas em sua melhor forma quando estão atuando como parte de um grupo.

Estas são todas áreas da vida além das palavras: o peso de uma lança, a influência do vento e a tentativa de fuga do cavalo são coisas que podem ser ensinadas até certo ponto por instruções verbais, mas só podem ser *aprendidas* na prática. Podemos instruir as crianças sobre como andar de bicicleta, mas elas só podem aprender por si mesmas, construindo formas de equilíbrio e a memória muscular adequada e entendendo com que força é preciso pedalar para subir a montanha, isso sem falar nas ações dos motoristas, pedestres e outros ciclistas. Grande parte da nossa vida é física, não verbal, e envolve uma compreensão corporal das propriedades físicas dos objetos e das ações sociais dos outros (que podem ser pessoas, ou ainda plantas e animais). Podemos falar sobre andar de bicicleta, mas nunca faremos plena justiça à experiência concreta. Tais habilidades não são algo que sabemos, mas algo que somos.

Uma visão ocidental da inteligência enfatiza o pensamento abstrato. Se Beckham fosse capaz de reduzir o jogo de futebol a uma série de equações descrevendo a trajetória e a velocidade da bola em diferentes situações, poucos duvidariam de sua inteligência, embora não muitos pagariam para vê-lo em ação. O fato de que ele pode efetivamente fazer a bola atravessar o ar de muitas maneiras diferentes sem o auxílio de cálculo prévio não entra em nossas definições. Mas eu diria que saber como o mundo funciona e como as pessoas agem dentro dele forma a base de nossa inteligência e de nossas habilidades cotidianas, e sem essas habilidades seríamos algo menos que humanos.

Como seres humanos, podemos fazer coisas e também podemos pensar, falar e escrever sobre o que fizemos, ou mesmo sobre o que deveríamos ter feito mas não fizemos. As noções convencionais de inteligência enfatizam as palavras com que expressamos e damos forma a nossos pensamentos, considerando-as cruciais. Não estou tentando negar a importância do pensamento consciente ou das palavras, colocando a ação em seu lugar. Ao contrário, o verdadeiro mistério da vida humana reside na intersecção entre a ação cotidiana, porém hábil, e o pensamento consciente. Ao subir na bicicleta para ir ao trabalho de manhã, quase nunca estou consciente da bicicleta propriamente dita; em vez disso, estou pensando sobre o que acabou de acontecer em casa, o que vai acontecer no trabalho e o que espero fazer durante o dia (ou espero não fazer). Só se a correia sai da bicicleta é que paro e presto atenção a ela, irritado com a graxa nas mãos e a interrupção no fluxo de meus pensamentos. Se eu precisasse pensar sobre o ato de pedalar, não poderia dar atenção a todas as outras coisas que considero realmente importantes. E meu dia, como o de todos, é feito de ações que praticamente não requerem pensamento consciente junto com um fluxo de ações que o requerem, e nossa atenção oscila entre o mundo dado por certo ("Por que essa maldita impressora é tão lenta?") e aquele que demanda nosso pensamento consciente ("Como vou convencer Jones de que a tese dele não vai ser aprovada se não se dedicar com muito mais afinco?"). É só quando o mundo dado por certo apresenta um problema concreto (a impressora quebra em um momento vital) ou, o que é mais raro, nos fornece oportunidades novas e imprevistas ao funcionar melhor do que esperávamos (Jones concorda imediatamente e vai para a biblioteca, deixando-me com um bônus de 45 minutos livres) que precisamos pensar conscientemente no que estamos fazendo.

A pré-história carece de palavras e, em consequência, parece empobrecida. Grande parte da história carece de uma compreensão da atividade cotidiana qualificada porque não há registro do tipo de indício adequado, mas as pessoas estão menos cientes dessa carência. Para produzir um biface, era preciso pensar na forma do nódulo, na ordem em que seria necessário remover as lascas para que o biface surgisse, e modificar as ações conforme este ia sendo confeccionado. Podemos ter acesso direto às habilidades necessárias para encontrar a forma e o tamanho corretos da lasca por meio da análise das lascas realizada pelos arqueólogos (considerando que eles tenham as qualificações adequadas para tal). Reproduzir o padrão de pensamento por trás do biface é mais difícil e requer mais suposições, mas ainda assim é possível.

Em uma época, pensava-se que a fronteira entre seres humanos e animais fosse definida pelo uso de ferramentas. O "homem, o ferramenteiro" tinha uma série de habilidades técnicas que os chimpanzés, os gorilas ou os macacos não tinham, e acreditava-se que isso formava a base da evolução humana. Nos anos 1960, Jane Goodall mostrou que chimpanzés na Tanzânia confeccionavam ferramentas com capim ou galhos finos para enfiar em colônias de cupins e capturar insetos para comer. Chimpanzés da Costa do Marfim e da Libéria, no oeste da África, passavam mais de duas horas por dia abrindo cascas de nozes, usando pedras ou galhos para acertar as nozes fincadas nas raízes das árvores. Quebrar nozes não é fácil, e só os adultos conseguem fazer isso. As mães ensinam os jovens a fabricar e usar ferramentas, mas leva algum tempo para que eles aprendam. Bons martelos de pedra são escondidos perto de nogueiras, e os chimpanzés conseguem se lembrar de uma série de locais onde os martelos estão escondidos. Ainda mais interessante é que nem todos os grupos de chimpanzés da Costa do Marfim e da Libéria quebram nozes, mesmo quando as nogueiras e as pedras adequadas para martelos são encontradas próximas umas das outras. Em algum momento da história de um grupo um indivíduo adquiriu a habilidade de quebrar nozes, transmitindo-a aos mais jovens, mas isso não aconteceu em todos os grupos. Os diferentes grupos tinham suas próprias histórias e culturas. Outras diferenças culturais entre os chimpanzés foram observadas, com variações nos tipos de ferramentas utilizadas para o mesmo propósito em diferentes regiões. Se os chimpanzés possuem tecnologia na natureza, então a distinção entre chimpanzés e humanos cai por terra. No entanto, eu diria que há uma diferença realmente significativa: os chimpanzés nunca usam a cultura material como base para suas relações sociais; os humanos raramente criam relações sociais sem o uso de cultura material.

Em seu clássico *Ensaio sobre a dádiva*, o antropólogo francês Marcel Mauss chamou a troca de presentes em sociedades não capitalistas de um "fato social total", querendo dizer que toda vida humana poderia ser reconstituída com base nas obrigações de dar e receber presentes. Mauss identificou três de tais obrigações: dar, receber e retribuir. Certas situações requerem presentes (rituais de iniciação, casamentos ou mortes, bem como parcerias configuradas para trocas formalizadas). Se eu lhe dou um presente, você não pode recusá-lo sem que isso seja uma grave ofensa contra mim e, uma vez que você o aceita, deve retribuir. É necessário um discernimento apurado dos códigos sociais para saber quando retribuir (cedo demais parece ser uma recusa da relação, tarde demais parece que você se esqueceu ou não se importa), com o que retribuir (a qualidade e a quantidade adequadas devem ser avaliadas criteriosamente) e com que grau de cerimônia. Ongka, que apresentamos no primeiro capítulo, era parte dos sistemas de troca cerimonial das Terras Altas da Nova Guiné, onde porcos, conchas e, nos anos mais recentes, cerveja, dinheiro e Land Cruisers da Toyota são oferecidos em grandes cerimônias públicas nas quais os Homens Grandes locais proclamam seu poder social por meio da retórica e da encenação, bem como da demonstração da riqueza que eles podem se dar ao luxo de doar (uma de tais transações cerimoniais, parte do sistema de trocas conhecido localmente como Moka, foi registrada em um excelente filme, *Ongka's Big Moka*). Às vezes se praticam trocas idênticas, tais como machados por machados, e essas formas de reciprocidade mostram que é a relação o importante, e não a utilidade do item sendo trocado. De fato, a troca de presentes foi definida como uma série de sistemas para a criação de relações sociais e, portanto, não é diretamente econômica no sentido em que entenderíamos o termo: os indivíduos estão trocando para manter contatos com outros e (acima de tudo) para manipular relações de poder, não para obter coisas de que necessitam para viver. Em muitas sociedades, as trocas operam dentro de um espectro, que vai da partilha de comida com a família às grandes trocas cerimoniais (ou roubos) entre grupos, passando por trocas de alimento e outros itens necessários no interior de cada grupo, estas últimas frequentes, mas socialmente irrelevantes. Incluímos em tais trocas as relações de mercado baseadas no lucro, mas a troca e a acumulação de materiais continuam sendo cruciais para muitas interações sociais. Todas as relações sociais são também relações materiais. Isso não é válido para os animais que usam ferramentas, cuja sociabilidade se apoia sobretudo na catação, no sexo e na violência. Partilha-se comida, mas pouca coisa mais é trocada.

Os hominídeos de Boxgrove, há meio milhão de anos, tinham um tipo sofisticado de tecnologia (muito além de qualquer coisa que possa ser produzida por chimpanzés), mas até que ponto eles usavam essa tecnologia como base para sua vida social? Não devemos esperar que sua sociabilidade seja parecida com a nossa, tampouco com a dos chimpanzés, o que nos leva a perguntar como deve ter sido a vida social nas fronteiras do sul da Bretanha há tanto tempo. Ao tentar definir a base da inteligência dos primatas, uma importante teoria recente entende a vida social como um elemento-chave. Aiello e Dunbar descobriram uma relação entre o tamanho do cérebro e o tamanho do grupo, de modo que quanto maior e mais complexo o grupo, maior o tamanho do cérebro (ou, mais precisamente, maior em proporção ao tamanho do corpo). Acredita-se que essa relação empírica entre tamanho do cérebro e do grupo exista porque a área mais complexa da vida de um primata, e a que requer mais pensamento, é o conjunto de relações que ele estabelece, as quais são muito mais complicadas do que lidar com as exigências práticas do mundo material. Aplicando essas ideias à evolução humana, podemos ver que o tamanho do cérebro aumentou muito mais do que esperaríamos somente com base no aumento do tamanho do corpo e, no último milhão de anos, cresceu muitíssimo, assim como a complexidade de sua arquitetura, o que também é muito importante. Aiello e Dunbar atribuem esse aumento à linguagem. Eu diria que esta é apenas uma parte da explicação e que a linguagem e a cultura material combinaram-se para dotar os hominídeos de habilidades físicas e mentais de uma complexidade sem precedentes. A linguagem é parte da mudança, mas não é o único elemento, sequer o mais importante. O uso de ferramentas, até onde sabemos, começou há cerca de 2,5 milhões de anos. As origens da linguagem ainda são muito controversas, mas bem mais recentes.

A pré-história é a história da vida social e dos conjuntos de habilidades físicas e sociais que estão por trás de nossa sociabilidade, conforme indica a cultura material. Para socializar, precisamos de certas habilidades e inteligência. A maioria das outras espécies que consideramos inteligentes têm padrões bem desenvolvidos de sociabilidade (primatas, golfinhos e baleias), mas só os humanos constroem sua vida social por meio de dois caminhos inextricáveis ao mesmo tempo, manipulando o mundo físico e o mundo social. Para fazer isso, também combinamos uma série de habilidades físicas e mentais que são únicas. Nossa vida tem duas dimensões, a das coisas que podemos fazer e a de nossa capacidade verbal de pensar e falar. Estes não são polos opostos de hábito e pensamento: ao contrário, ambos compõem nosso fluxo de consciência de maneiras complexas. Podemos pensar em como andar de bicicleta e descobrir maneiras novas e melhores de pedalar, mas também podemos pedalar e pensar sobre a vida, o universo e tudo o mais, apenas esporadicamente estando cientes dos carros, dos semáforos e dos pedestres. Adoraríamos saber se o talhador habilidoso de Boxgrove conversava enquanto transformava o nódulo de sílex, ou se refletia silenciosamente sobre as relações grupais ou sobre as propriedades de diferentes madeiras para confeccionar lanças, ou ainda se precisava dedicar toda a atenção ao nódulo em si, de modo que o resto do mundo desaparecesse durante o ato de trabalhar a pedra. Os bifaces ou as lanças foram alguma vez dados de presente? Os cortes especiais de carne eram dados a pessoas específicas, como ocorre em muitas sociedades modernas? Esses hominídeos tinham palavras para expressar preocupação ou para realizar intercâmbios? Se nada disso existia, quando a vida social humana começou, com sua mistura de pensamentos e hábitos?

Tornando-nos humanos

O que significa ser humano? Acabei de dar um elemento importante da resposta: somos os únicos animais que criam sua vida social por meio das coisas. Os seres humanos modernos têm certas habilidades em comum. Todos vivem em sociedade, e sua vida é moldada pelas necessidades das obrigações sociais: precisam receber, dar e retribuir se desejam continuar sendo membros da sociedade, embora essas obrigações se manifestem de maneiras distintas conforme a cultura. Todos usam a cultura material para ajudar a criar sua vida social, não só por meio de formas de troca: também os alimentos, o vestuário, a moradia e as formas de riqueza criam personagens sociais de diferentes tipos. Todos têm formas de expressão não verbal por meio da música e da dança. Todos tentam alterar sua consciência e seus estados emocionais por meio de drogas, transes e danças. Todos os seres humanos criam e usam linguagem. Esses elementos universais unem a todos nós e tornam possível a comunicação intercultural, apesar das enormes diferenças de vida cultural em todo o planeta. Presumimos, mas não sabemos ao certo, que tais habilidades existam há pelo menos 40 mil anos. A história mais longa acerca do que nos torna humanos, que remonta a Boxgrove e muito antes, é cada vez mais nebulosa, assim como as trajetórias de vida humana e diferença em várias partes do planeta.

Sendo assim, quando nos tornamos plenamente humanos? Você não ficará surpreso de saber que diferentes respostas são dadas a uma pergunta tão ampla. O uso do corpo, a criação e manipulação das coisas e nossas aptidões com as palavras são todos elementos vitais para nossa concepção de humanidade, e examinarei cada um deles separadamente.

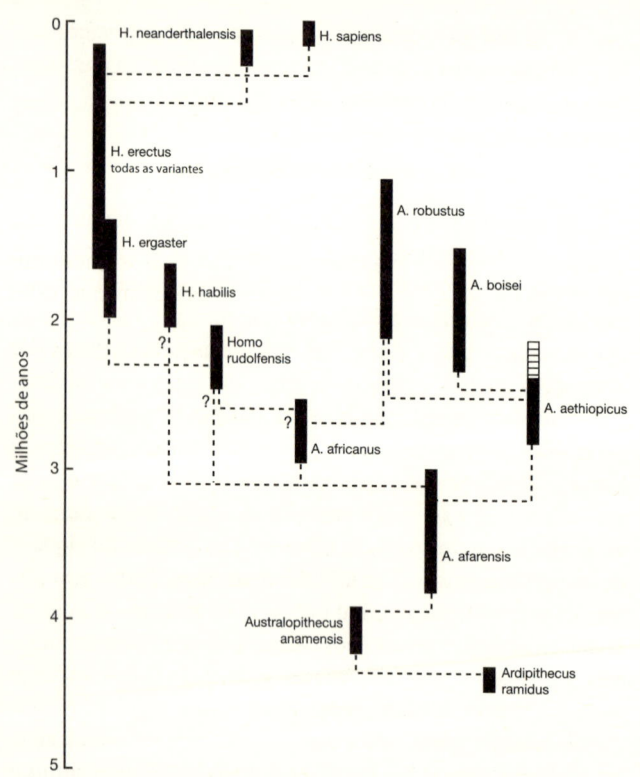

6. Árvore genealógica da evolução dos hominídeos durante os últimos 5 milhões de anos.

Hoje se sabe cada vez mais sobre o surgimento do humano anatomicamente moderno, o *Homo sapiens sapiens*. A maioria das pessoas pensa que ele surgiu primeiro na África entre 120 mil e 150 mil anos atrás, mas mesmo quanto a isso há controvérsia. O modelo de origem africana recente (isto é, recente em termos evolutivos) afirma que todos no mundo de hoje descendem de um mesmo grupo ancestral na África que se espalhou daquele continente há pouco menos de 100 mil anos para o Oriente Médio e daí para a Europa, a Ásia e outros lugares. Os humanos modernos encontraram

54

grupos anteriores de humanos, dos quais os mais conhecidos são os Neandertais (*Homo sapiens neanderthalensis*), uma espécie adaptada ao frio encontrada em toda a Eurásia e que provavelmente descendeu de espécies como o *Homo heidelbergensis*, à qual pertencem os hominídeos de Boxgrove. Após um período de considerável concomitância, sobretudo em áreas como o Oriente Médio, os Neandertais se extinguiram (se eles foram exterminados por nossos ancestrais ou incapazes de sobreviver na mesma paisagem que estes é algo que não sabemos, mas objeto de muita especulação em romances e programas de TV), deixando-nos como a única espécie de hominídeo. A hipótese concorrente, conhecida como modelo multirregional, afirma que os humanos modernos derivam fundamentalmente de populações de *Homo erectus* que saíram da África há cerca de 1,8 milhão de anos rumo à Europa e ao sudeste da Ásia, chegando a lugares como a atual Java. Algumas supostas similaridades no tipo de crânio – tais como maçãs do rosto salientes – entre os fósseis de *Homo erectus* e os povos aborígenes australianos dos dias de hoje levam à conclusão de que houve evolução local, com uma contribuição apenas limitada de populações plenamente modernas que chegaram mais tarde.

Cada um desses dois modelos, a hipótese da origem africana recente e a multirregional, como tudo o que tem a ver com origens humanas e diversidade, encoraja diferentes linhas de pensamento sobre a unidade humana, a natureza da diferença racial e as histórias regionais. A hipótese multirregional enfatiza a diferença humana, levantando a possibilidade de que alguns tipos raciais, tais como os encontrados na Europa e na Ásia, tenham uma história longa, tornando separados e distintos os povos e suas histórias. Há até mesmo o risco de que ao associar os povos aborígenes com o *Homo erectus*, um ancestral humano anterior, eles sejam vistos como "primitivos" em comparação com outros, uma visão predominante entre os europeus do século XIX, mas criticada hoje em dia (ver Capítulo 4). Há uma gama considerável de indícios, sobretudo fósseis e genéticos, que contrariam a hipótese multirregional, embora seus defensores continuem teimando em sustentá-la. Se todos descendemos das populações africanas, é de se esperar que os africanos sejam geneticamente mais diversos do que o resto de nós, o que parece ser verdade, e que a variabilidade genética dos humanos modernos fora da África represente um subconjunto das linhagens genéticas africanas. Não só parece que todos descendemos de um mesmo ancestral da África como também é provável que todos os genes humanos fora da África descendam de linhagens encontradas na Somália e na Etiópia atuais, exatamente onde esperaríamos encontrar seres humanos emigrando do continente. Considerada como um todo, a variabilidade genética humana é muito baixa, muito menor do que a observada entre chimpanzés e gorilas. As diferenças de cor de pele, cabelo e formato do rosto, que algumas pessoas valorizam tanto, são controladas por pouquíssimos genes e tendem a mascarar uma unidade humana muito mais profunda. Igualmente importante como evidência contra a hipótese multirregional é o fato de que a recuperação do antigo DNA de três esqueletos diferentes de Neandertais na Europa e no Cáucaso não indica vínculo algum genético entre nós e os Neandertais, o que torna muito improvável que eles sejam os ancestrais dos europeus de nossos dias, todos os quais derivam dos migrantes africanos, como deve ser verdade para o resto do globo. Por fim, mas de forma alguma menos importante, os primeiros fósseis de humanos plenamente modernos são encontrados na África e só mais tarde aparecem em outros lugares, e é possível que isso também seja válido para alguns tipos de ferramentas de pedra associados com nossos ancestrais diretos.

Para muitos estudiosos da pré-história, a origem africana recente dos humanos plenamente modernos é a única forma de explicar os indícios que possuímos. Uma questão mais difícil, em parte filosófica, é: quando nos tornamos humanos no que concerne ao comportamento? Presumo que se fosse possível clonar um ser humano plenamente moderno de 100 mil anos atrás, vesti-lo com roupas atuais e sentá-lo em um ônibus, devidamente asseado e com o cabelo cortado, ninguém o identificaria como fisicamente distinto. Mas ele poderia muito bem se comportar de forma estranha. Mesmo nossos primeiros ancestrais plenamente modernos podem ter tido o mesmo peso, altura e tamanho do cérebro que o resto de nós, com braços e pernas funcionando da mesma forma, assim como olhos, ouvidos e cérebro. Mas possuir as mesmas habilidades físicas e mentais que nós não significa que teriam aprendido a usá-las da mesma maneira. E aqui retornamos a um elemento crucial de minha argumentação. Todos os seres humanos plenamente modernos, de qualquer tempo e lugar, têm a mesma capacidade de cultura que nós, mas podem não ter aprendido ou precisado exercitar essa capacidade. Ser plenamente humano não reside apenas na capacidade do corpo, mas nas relações entre o corpo e o mundo material, que desenvolvem as capacidades do corpo de inúmeras maneiras distintas. Hoje em dia, todos os seres humanos têm relações próximas com outras espécies de plantas e de animais, bem como com uma porção de coisas materiais, e essas relações se desenvolveram ao longo de muitos milênios. Poderíamos tirar nosso ancestral clonado do ônibus e ensiná-lo a andar de bicicleta, mas isso demandaria que aprendesse habilidades físicas e sociais – necessárias para que conseguisse se equilibrar e antecipar o que os motoristas e pedestres fariam – que ele não possuía originalmente e, portanto, que se expandisse de novas maneiras. A história humana trata da expansão das capacidades corporais inerentes por meio de seu uso efetivo e, uma vez que várias culturas têm necessidades e valores diferentes, os corpos são dotados de habilidades diferentes e desenvolvem capacidades variadas. Lembro-me de uma experiência castigadora na Papua Nova Guiné quando tentei aprender a praticar windsurfe com um rapaz local que havia velejado em canoas durante a vida toda e tinha uma noção de equilíbrio e uma compreensão de como manobrar uma vela que eu absolutamente não tinha. Enquanto ele subiu na prancha e fez progressos imediatos e gratificantes pela baía, eu passei o tempo todo tirando a vela da água, caindo de costas e reclamando que o vento era forte demais para um principiante. O abismo entre nossas habilidades o levou a desfrutar ainda mais da experiência.

Uma lição crucial que os estudiosos da pré-história devem aprender é evitar o anacronismo: não presumir que o mundo do passado seja parecido demais com o do presente, que só porque os humanos plenamente modernos tinham o potencial de fazer todas as coisas que fazemos eles de fato as faziam. Portanto, torna-se uma questão empírica decidir quando o *Homo sapiens sapiens* começou a usar suas capacidades de uma maneira que o reconheceríamos como um ser humano plenamente moderno em um sentido social e cultural. A resposta geral é entre 60 mil e 20 mil anos atrás, com a transição entre o Paleolítico Médio e o Superior. Conforme escreveu Clive Gamble, isso implicou que "o Outro se tornasse Nós". Gamble também acredita que a principal mudança seja uma libertação crescente dos imediatismos da vida, de modo que o tempo e o espaço tornem-se socialmente prolongados. Os hominídeos de Boxgrove confeccionavam belos bifaces, demonstrando grande habilidade para produzir artefatos muito úteis e de apelo estético considerável (para nós e possivelmente para eles). Esses bifaces eram feitos de material obtido na região e muitas vezes deixados bem perto de onde haviam sido usados. A confecção de ferramentas de pedra no Paleolítico Superior (40 mil-10 mil a.C.) passou a implicar a obtenção de pedras provenientes de distâncias maiores, de até várias centenas de quilômetros, e cadeias de ação mais longas para fazer as coisas, bem como manter, usar e trocar bens materiais durante mais tempo. No Paleolítico Superior, a interação social e o uso de cultura material para construir vínculos sociais não estavam limitados ao aqui e agora; os artefatos passaram a assumir alguns dos valores associados com lugares e outros elementos importantes. Uma definição convincente de símbolo é "algo que representa outra coisa": a cor vermelha para sangue ou a palavra "gato" para o animal. Marfim e osso são esculpidos em forma de pessoas e animais, e as chamadas estatuetas de Vênus são feitas de argila e de pedra. O colar de Sunghir, encontrado em um sítio arqueológico no norte da Rússia no ápice da última glaciação (há cerca de 18 mil anos), era feito de 3 mil contas individuais e de alguma maneira deve ter elevado ou transformado o status social daquela que o usou (figura 7).

No Paleolítico Superior, os artefatos adquirem significância além do aqui e agora, prolongando as cadeias de conexão social no espaço e no tempo. A cultura material e as relações sociais estão intimamente relacionadas, e, portanto, uma não pode existir da mesma forma sem a outra. Os lugares e as pessoas estavam provavelmente imbuídos de significados e respostas emocionais como em nenhum momento anterior.

O significado e o simbolismo não só aderem às coisas como também estão atados à linguagem, o último elemento

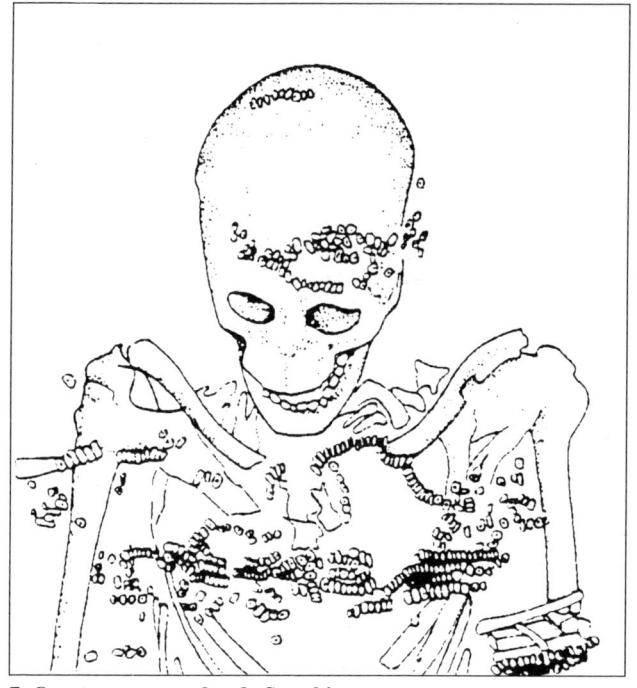

7. O enterro com colar de Sunghir.

importante da humanidade moderna. Há grande controvérsia em torno de quando surgiu a linguagem humana, se com os Neandertais (ou mesmo antes) ou com os humanos plenamente modernos. Tentativas de ensinar os chimpanzés a falar nos anos 1960 fracassaram devido ao fato de que estes careciam da arquitetura adequada de aparelho vocal para criar a gama de sons que nós criamos. Em consequência, eles foram incapazes de falar. Quando os pesquisadores passaram à linguagem de sinais, no entanto, as coisas mudaram, e tanto chimpanzés como gorilas conseguiram demonstrar conceitos sofisticados sobre si mesmos, os outros, o mundo material, o passado e o futuro por meio de sinais. Grande parte da discussão acerca da linguagem dos Neandertais era sobre se eles eram capazes de vocalizar da mesma maneira que nós, uma discussão refreada pela falta de indícios diretos sobre o comprimento da garganta, da língua ou do palato. Mesmo que não pudessem falar, os Neandertais provavelmente conseguiam se comunicar por meio de uma gama de ações e sons. Mas a questão realmente gira em torno não só das habilidades físicas como também das necessidades sociais. As cadeias de ação mais longas e abrangentes, implicando relações profundas e prolongadas entre pessoas e coisas no tempo e no espaço, parecem estar ausentes no Paleolítico Médio. As sociedades neandertais, qualquer que seja a razão, inibiram a necessidade de desenvolver formas sofisticadas de comunicação linguística. Os Neandertais talvez não tenham sentido necessidade de se envolver em discussões do tipo "Lembram do mamute que matamos há cinco anos? Ainda estou usando um de seus ossos para trabalhar o sílex", ao passo que um ser humano plenamente moderno talvez tenha dito "Eu valorizo este arco porque minha mãe o fez para mim usando os tendões de um mamute que ela ajudou a matar há cinco anos". É claro que nunca conheceremos os vínculos emocionais de cada espécie, mas suspeitamos de que no Paleolítico Superior as ligações entre pessoas e coisas eram muito mais fortes e abrangentes do que em qualquer período anterior e de que os humanos dessa época tinham uma maior capacidade de expressar esses vínculos verbalmente. Tais conexões emanam das próprias coisas e seus significados e também das palavras faladas sobre as pessoas e as coisas. Isso estabelece uma tensão entre as áreas da vida que são habituais e tidas como naturais, que sentimos mas que não conseguimos expressar, e as palavras que expressam diretamente, ainda que de maneira parcial, o que as pessoas sentem. Essa tensão entre as palavras e a ação é crucial para nossa vida e talvez não tenha existido para nenhuma outra espécie.

A humanidade plena surgiu por meio de uma combinação especial de habilidades corporais, o mundo material e a dimensão da linguagem, todos os quais se reuniram pela primeira vez na forma moderna há cerca de 40 mil anos.

David Beckham certamente não é exímio com as palavras, mas apresenta em abundância elementos vitais de inteligência humana, combinando o físico e o social no campo de futebol de maneiras que poucos conseguem. Conforme afirmou Sarah Bernhardt: "Se eu pudesse expressar verbalmente, não precisaria dançar". A dança não concebe a si mesma como uma forma de arte inferior ao teatro, e sim como algo bem diferente. O futebol é uma forma de teatro criado por meio de ações, que só inadequadamente podem ser descritas pelo comentarista. A pré-história se ocupa dos desempenhos, rotineiros e espetaculares, e usos do corpo humano para criar mundos que fazem sentido para nós e que tentamos tardiamente capturar em palavras. A variedade desses mundos, passados e presentes, é uma das coisas que nos atrai a estudar a sociedade e a cultura humanas; portanto, a natureza da variedade e da diferença está no cerne dos enigmas da pré-história.

Capítulo 4
Pré-histórias continentais

Neste capítulo, explorarei a possibilidade de que cada continente tenha sua própria forma de pré-história. Conforme esboçarei, há indícios de que as populações de cada continente remontem a 15 mil anos atrás, sem aumentos significativos em períodos posteriores. Essa continuidade de pessoas talvez forme a base para uma continuidade de cultura e história, mesmo em áreas um tanto efêmeras da vida como a mitologia. Se esta hipótese da continuidade no longo prazo se sustenta (e é controversa), significa que aquilo que geralmente é visto como a grande mudança na pré-história humana, a invenção da agricultura, não prenuncia grandes aumentos ou movimentos populacionais, tampouco uma alteração rápida e fundamental em todas as áreas da vida humana. Neste capítulo, primeiro examinarei os indícios genéticos de continuidade populacional, oriundos dos processos de colonização global e da influência da última glaciação; então, revisarei criticamente os indícios de grandes migrações de pessoas devido a aumentos populacionais após o surgimento da agricultura; e, por fim, considerarei novas formas de pensar sobre as codependências entre pessoas, plantas e animais que se manifestam de distintas maneiras em cada continente. Propor uma interpretação original como esta é arriscado, e muitos outros estudiosos da pré-história discordarão dela, sobretudo devido às interpretações dos indícios. Seja como for, enfatizar as diferenças entre os continentes também tem implicações para a unidade e a diversidade humanas.

Os arqueólogos e antropólogos tomaram basicamente dois caminhos para compreender a variedade e a unidade humanas. O primeiro deriva das abordagens do evolucionismo social de meados do século XIX, que enfatizavam nossa similaridade como espécie e dirigiam seus esforços a compreender de que maneira a humanidade como um todo progredia, passando por estágios como a caça e a coleta de alimentos, a agricultura e a domesticação de animais, o desenvolvimento dos Estados e – o que é mais importante – a civilização. Os darwinistas sociais, como eram chamados, de Herbert Spencer a Pitt Rivers e E. B. Tylor, impressionados com a força das teorias de Darwin, foram atraídos pela possibilidade de uma única base teórica para abordar os estudos em humanidades, que também ia ao encontro de seu desejo de fundar a arqueologia e a etnologia como ciências. A concepção da pré-história como uma linha ascendente foi determinada por uma crença no progresso, na qual estava implícita a ideia de que nem todos progrediam à mesma velocidade ou na mesma medida. Só os de ascendência europeia haviam passado por todos os estágios históricos para se tornarem racionais, civilizados, democráticos e dinâmicos, deixando os outros, menos avançados, em seu despertar, ainda remanescentes de estágios anteriores da história mundial, na forma de povos aborígenes australianos, camponeses africanos ou civilizações mais "estáticas" de várias partes da Ásia.

Não é difícil entender por que as visões progressistas e unitárias da vida humana não eram atraentes para muitos, inclusive para alguns descendentes de europeus.

No início do século XX, um conjunto de teorias alternativas foi promulgado por Boas na América, mas partindo do paradigma intelectual de tradição alemã que enfatizava a integridade e a especificidade local das culturas humanas. Mais tarde, a cultura seria definida pelo arqueólogo Gordon Childe como um conjunto de características recorrentes – artefatos, casas, enterros, alimentos e assim por diante – por trás das quais residem semelhanças mais difíceis de discernir arqueologicamente, tais como parentesco, língua e costumes. Essas visões histórico-culturais concebiam o mundo como um mosaico de formas culturais, cada uma com suas próprias histórias, costumes e maneiras de ver o mundo. Cada cultura só podia ser compreendida em seus próprios termos,

8. Evolução triunfalista.

e era a variedade que caracterizava a vida humana, e não a unidade. Para Bruce Trigger, a história do pensamento arqueológico é uma alternância entre as abordagens que enfatizam a unidade, tais como as primeiras teorias evolutivas do final do século XIX, que fizeram uma reaparição entre os anos 1950 e 1970, e aquelas que enfatizam a diferença. As visões histórico-culturais de Boas e de Childe, ressaltando as diferentes trajetórias históricas locais, fizeram uma espécie de retorno nos anos 1980, quando o pensamento pós-modernista levantou dúvidas sobre as ambições científicas de uma arqueologia evolutiva e fez uma crítica mais abrangente de um possível ponto de vista objetivo ocidental, salientando a necessidade de entender outras formas de vida em seus próprios termos.

Hoje, deixamos de questionar por que as pessoas não ascenderam ao último degrau da escada do progresso e nos interessamos em entender como as pessoas criaram mundos que fazem sentido para si mesmas. De fato, muitos questionam se esses mundos locais podem ser incluídos em um único esquema, sobretudo um esquema criado para explicar o passado europeu. Também a ênfase na mudança tecnológica deu lugar (pelo menos para alguns) a uma indagação acerca de como as pessoas constroem mundos para si mesmas reunindo habilidades e técnicas variadas e adquirindo, no processo, determinados conjuntos de habilidades sociais, físicas e intelectuais. Os seres humanos têm uma gama enorme de potenciais; as histórias e formas culturais implicam desenvolver algumas dessas habilidades e negligenciar outras. Os povos aborígenes australianos foram descritos pelo antropólogo Lévi-Strauss como os virtuosos da mente humana, devido à enorme quantidade de conhecimento genealógico e cosmológico que construíram e preservaram, colocando muito menos ênfase na criação e no uso de coisas materiais. As formas culturais nas quais conhecimento é poder representam um desafio para o arqueólogo da pré-história, cujos principais indícios são os artefatos. Mas, com efeito, nos alertam para a ideia de que as culturas não podem ser medidas em um único eixo – como mais ou menos complexas e menos ainda como melhores ou piores –, e sim como sendo diferentes. A comparação intercultural é necessária, mas para revelar contrastes com outros, e não para medir a todos pelos mesmos parâmetros.

A tensão entre diferença e unidade sempre foi crucial para escrever a pré-história. Estou tentando, aqui, um delicado ato de equilíbrio ao dizer que há coisas comuns a todos os seres humanos, mas que também há diferenças que nos dividem. Para ajudar a entender o que estou tentando fazer, examinemos rapidamente a linguagem. Todos os grupos humanos têm linguagens. Na sociedade humana, as crianças aprendem a linguagem espontaneamente: podemos encorajá-las nesse aprendizado, mas não é um processo que os adultos precisem iniciar; acontece de um jeito ou de outro. A chamada hipótese de Sapir-Whorf (que é controversa dentro da linguística) defende que a linguagem é não só o meio pelo qual expressamos nossos pensamentos e sentimentos com relação ao mundo, mas o meio pelo qual desenvolvemos esses pensamentos e sentimentos. Se as línguas como formas de aparato conceitual diferem pelo mundo, as pessoas não só falarão e escreverão sobre o mundo à sua própria maneira como de fato habitarão seus próprios mundos de pensamento, sentimento e crença. Portanto, podemos colocar dois grupos linguísticos diferentes no mesmo ambiente – falantes de inglês e aborígenes australianos, por exemplo – e esse ambiente definitivamente não será o mesmo. Esse é um experimento que a história colonial colocou em prática, a um custo enorme para os povos aborígenes. Sabemos que os dois grupos de fato atentam para diferentes aspectos do mundo: os brancos estão interessados em metais, nas possibilidades de pastorear ovelhas e cultivar o trigo, sem falar nas qualidades das ondas e do mar; os povos aborígenes vivem em uma paisagem totêmica, criada durante o Sonho por figuras ancestrais que moldaram as rochas, os rios, os desertos, as plantas e os animais, os quais precisam ser cuidados na mesma medida em que são explorados. Como salientei, as pessoas vivem não só linguisticamente como também por meio de padrões de ação hábil no mundo; elas não percebem o mundo de maneira passiva, e sim por meio de seus padrões de ação, que modelam o mundo enquanto este as modela. A unidade humana reside em nossa capacidade de construir relações uns com os outros por meio de coisas materiais e em nossa habilidade de criar linguagem. Em toda parte, há também certa tensão entre linguagem e ação, a qual está no cerne do que significa ser humano. As linguagens, os seres humanos e as formas culturais, todos têm suas próprias histórias mais locais, que se desdobram em uma série de níveis, do continental ao verdadeiramente local, e é o papel dos continentes ao criar a diferença humana partindo da unidade que quero explorar aqui.

Enfatizar a profundidade da diferença humana em um sentido temporal e cultural é um ato perigoso e possivelmente irresponsável em um mundo no qual crescem o medo e a desconfiança com relação a pessoas que não são exatamente como nós. Dizer que a variedade de línguas, costumes, crenças, pensamentos e sentimentos tem histórias longas e profundas pode fazer com que essas diferenças pareçam intransponíveis. Não há dúvida de que a diferença pode gerar desconfiança. Da mesma maneira, todos nós somos capazes de atos de compreensão empática que nos permitem, em certa medida, adentrar e habitar os mundos de outras pessoas. O espírito de nossa investigação é crucial, o qual, partindo da necessidade de comunicação intercultural, pode nos levar a explorar a história da variabilidade humana e, desde que não se tente superar, negar ou abolir a alteridade, podemos vê-la como um incentivo e um desafio que requer que (independentemente de quem somos) sejamos capazes de expandir nosso universo conceitual e nossas sensibilidades humanas. Em essência, para mim o estudo da pré-história tem esse objetivo reconhecidamente utópico.

Como, por que, onde e quando os continentes diferem em suas pré-histórias? Para começar a responder a uma enxurrada de perguntas tão intimidadoras, retomemos a história da colonização humana que deixamos no capítulo anterior. A única espécie de primata vivendo em todos os continentes é o *Homo sapiens sapiens*. A expansão dos humanos é única e só foi concluída durante os últimos 15 mil anos ou menos (figura 9).

No Capítulo 3, vimos que nossos ancestrais humanos modernos surgiram na África por volta de 120 mil anos atrás, deixando o continente há cerca de 90 mil anos e espalhando-se pela Europa e pela Ásia antes de 40 mil a.C. A parte mais incrível dessa expansão foi o movimento rumo à Austrália e à Nova Guiné, há pelo menos 40 mil anos (e possivelmente por volta de 60 mil a.C. – as datas são controversas). Embora a Austrália e a Papua Nova Guiné fossem unidas à grande massa terrestre conhecida como Sahul até 6 mil a.C., essa massa sempre foi separada por mar das ilhas do atual arquipélago indonésio. O biólogo Wallace, um contemporâneo de Darwin que propôs uma teoria de mudança biológica similar à teoria da evolução, identificou enormes diferenças entre os animais e as plantas do sudeste da Ásia e os da Austrália. A Linha de Wallace divide os animais placentários (macacos, elefantes, tigres etc.) do sudeste da Ásia dos marsupiais de Sahul. A história da deriva continental criou o supercontinente de Wallacea (composto de Antártida, América do Sul, sul da África, Índia e Sahul), no qual surgiram os marsupiais e que então se dividiu, de modo que a Antártida deslizou para o sul e congelou, exterminando toda vida animal, e os demais fragmentos continentais se chocaram com outros continentes (América do Norte, norte da África e Ásia), onde viviam grandes animais carnívoros que prontamente devoraram todos os marsupiais. A Austrália atingiu sua posição atual há cerca de 10 milhões de anos e permaneceu suficientemente isolada dos mares do norte para impedir a entrada dos mamíferos placentários.

Os humanos foram a primeira espécie a atravessar essa importante barreira biogeográfica, entrando em um mundo de plantas (eucaliptos, acácias etc.) e animais completamente novos para eles. Tal novidade se fazia ainda maior devido à faixa latitudinal de Sahul, que se estendia do Equador às regiões subantárticas do sul da Tasmânia, incluindo as Terras Altas da Nova Guiné, as montanhas mais altas a leste do Himalaia e os grandes desertos centrais. Sahul representa um laboratório para testar as capacidades humanas modernas, testes nos quais nossos ancestrais passaram com facilidade, de modo que há 40 mil anos havia grupos caçando próximo a geleiras no centro da Tasmânia, nas zonas temperadas do sudeste e sudoeste da Austrália, bem no meio do deserto, e por todo o norte tropical. Não muito tempo depois, eles

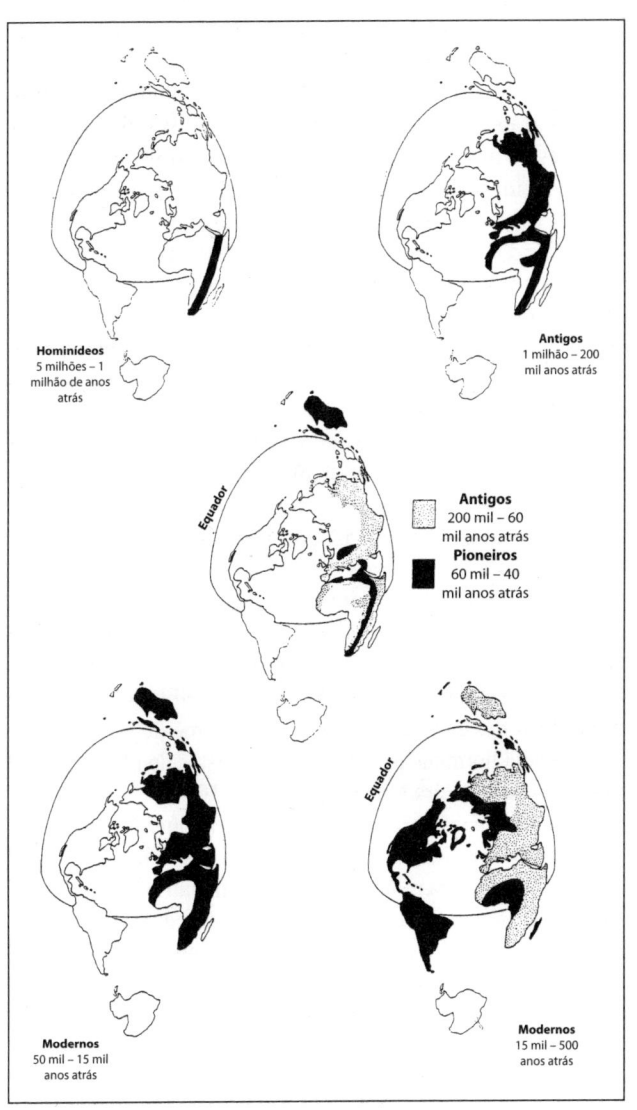

9. O processo de colonização global.

chegaram às ilhas da atual Papua Nova Guiné, onde passei algum tempo explorando cavernas, que revelaram alguns dos mais antigos vestígios de pesca marinha do mundo e indícios de ocupação insular muito antes de todos os outros grupos insulares do planeta, como os mediterrâneos ou os caribenhos.

Considerando a data e a aparente facilidade com que as pessoas migraram para Sahul e se espalharam pela região, a ocupação das Américas apresenta um enigma considerável. Há mais controvérsia sobre a história humana das Américas do que sobre a de qualquer outro continente. Alguns afirmam que o continente foi ocupado há 80 mil anos ou mais, mas tais afirmações não são as verdadeiramente controversas, já que carecem de uma base empírica. Supondo que as pessoas chegaram às Américas partindo da Sibéria, é surpreendente que existam dois sítios arqueológicos na América do Sul – Pedra Furada, no Brasil, e Monte Verde, no Chile – que podem ser mais antigos do que todos os encontrados na América do Norte e possivelmente habitados pela primeira vez há 30 mil anos. Em Monte Verde, no centro-sul do Chile, não há dúvida de que houve uma ocupação de um sítio ao ar livre há 13 mil anos, conforme atestam os vestígios preservados em depósitos de material orgânico: troncos usados na construção das cabanas, um pedaço de carne de mastodonte, uma pegada humana, pele de animais, restos de plantas e ferramentas de madeira e de pedra (figura 10).

Essa ocupação sedentária colocou em dúvida a noção de que os primeiros habitantes eram caçadores-coletores nômades, e o sítio mostra relações de troca com outros grupos. Mas a possibilidade de que tenha havido uma ocupação cerca de 20 mil anos antes é controversa e problemática, e Tom Dillehay, o escavador do sítio, parece ter cada vez mais dúvidas a esse respeito: sob as camadas principais há uma possível lareira e prováveis ferramentas datando de 30 mil anos atrás, e as ressalvas recebem mais ênfase com o passar do tempo. Pedra Furada, no leste do Brasil, produziu datas entre 32 mil e 17 mil anos atrás. Há um grande ceticismo (sobretudo entre os arqueólogos norte-americanos) com relação a essas datas, já que o carvão datado pode ter vindo de incêndios naturais, e as ferramentas de pedra podem ter surgido quando pedras no alto do penhasco que se eleva sobre o sítio eram derrubadas pelas chuvas, sofrendo fraturas naturais similares às produzidas por pessoas. É claro que pode ser uma questão de ego. Na América do Norte, vários esforços foram feitos para encontrar os sítios mais antigos, sem resultados que tenham alcançado ampla aceitação. É possível haver mais arqueólogos profissionais na América do Norte do que em grande parte do resto do mundo reunido, e é difícil para todos esses profissionais extremamente qualificados aceitarem a existência de sítios mais antigos que eles não foram capazes de identificar. E, como nosso bom senso indica que as pessoas entraram no continente pelo norte, esperaríamos uma diminuição gradativa de datas de norte a sul, e não o contrário.

Em 1932, grandes ferramentas de corte foram encontradas perto da cidade de Clóvis, no Novo México, em associação com ossos de animais extintos. Hoje, foram encontrados exemplares de pontas de Clóvis – como ficaram conhecidas essas ferramentas – em cada Estado norte-americano, e também no Círculo Polar Ártico e no coração da América do Sul.

As datas de radiocarbono situam esses sítios em 12 mil anos atrás, com outro horizonte geológico de pontas de Folsom cerca de 2 mil anos mais tarde. Clóvis representa a primeira ocupação da América de que se tem certeza, e nessa época o continente era habitado por uma série de animais da chamada megafauna, tais como mamutes, tigres-dentes-de--sabre, alces gigantes e uma espécie de castor do tamanho de um urso moderno, o que tornava a região muito atraente para caçadores. Parece mais razoável que as pessoas tenham adentrado o continente partindo da atual Sibéria, habitada desde pelo menos 23 mil anos atrás; há 15 mil anos, pontas em forma de folha estavam espalhadas por todo o nordeste da Sibéria, o Alasca e o oeste do Canadá. As glaciações, que levaram a períodos de diminuição no nível do mar, criaram uma ponte terrestre pelo mar Bering (a chamada ponte de Beríngia) pelo menos em quatro ocasiões nos últimos 60

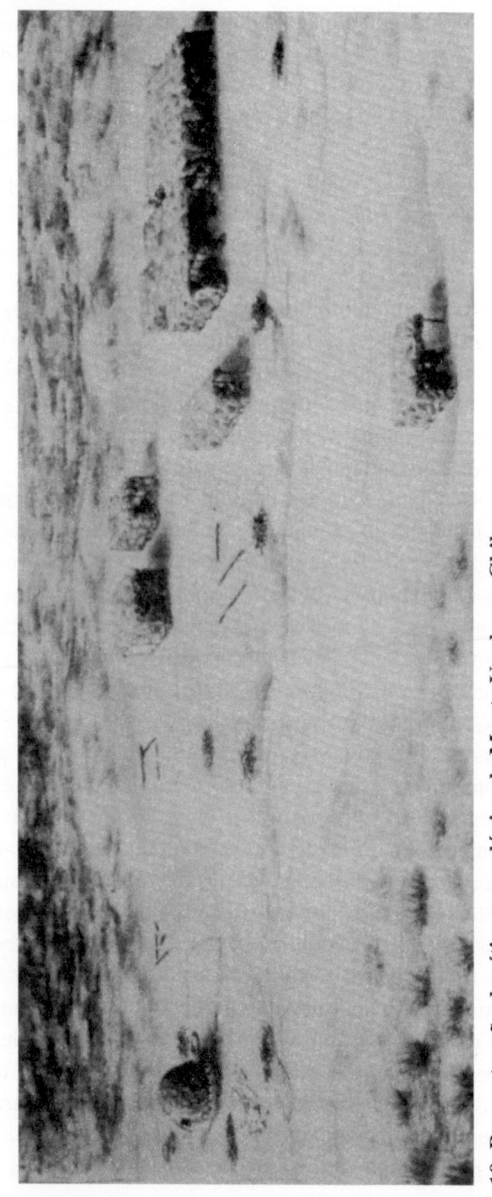

10. Reconstrução do sítio arqueológico de Monte Verde, no Chile.

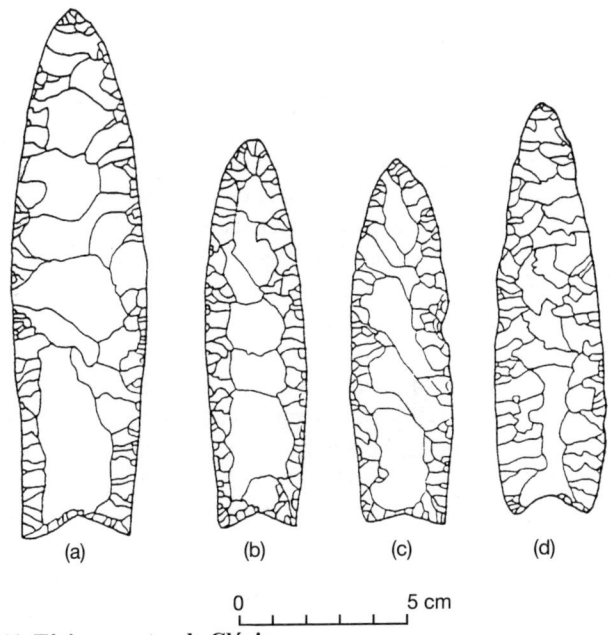

11. Típicas pontas de Clóvis.

mil anos, o que possibilitou migrações de várias espécies de animais provenientes da Ásia. Os humanos podem ter sido dissuadidos pela relativa escassez de alimentos na própria Beríngia, uma área relativamente estéril, e pelo tamanho dos lençóis de gelo no Alasca. Outra possibilidade é que eles tenham ido pela costa, viajando por mar, como fizeram os primeiros que chegaram à Austrália, o que explicaria em parte as datas anteriores em lugares como Monte Verde. Eu ficaria feliz com datas anteriores na América do Sul, mas reconheço que os indícios atuais não são contundentes. Com base nas distribuições de pontas em forma de folha até o leste do Canadá e no fato de que a ocupação de 13 mil anos atrás em Monte Verde não se parece com os estágios iniciais de colonização, eu optaria por uma data inicial de cerca de 15 mil anos atrás para a primeira colonização das Américas, deixando tempo para a formação de população que levou à ampla visibilidade dos sítios arqueológicos de Clóvis, uns 3 mil anos mais tarde.

Tal data permite traçar paralelos interessantes com a Eurásia. Embora os humanos plenamente modernos tenham adentrado o sudoeste da Ásia há mais de 90 mil anos e daí migrado para a Europa, há cada vez mais indícios, provenientes principalmente da Europa, de que durante o último período glacial, até no máximo cerca de 14,5 mil anos atrás, as pessoas se refugiaram em regiões como a do norte da Espanha e do sul da França e a dos Bálcãs e Ucrânia, junto com uma gama completa de outras espécies de animais e de plantas, e só voltaram a colonizar o continente quando as temperaturas começaram a subir. Recentemente, alguns indícios genéticos intrigantes mostram que 80 por cento dos europeus descendem, pela linha materna, de populações que estiveram na Europa há uns 14 mil anos, e só 20 por cento das linhagens mitocondriais aparecem em um período posterior. A surpresa contida em tal resultado é que muitos acreditavam que o surgimento da agricultura e da domesticação de animais, por volta de 10 mil anos atrás, teria causado um aumento nos níveis populacionais, uma vez que a oferta de alimentos se tornou mais garantida, tendo levado as populações dos primeiros centros agrícolas (tais como o Oriente Próximo, no caso da Eurásia, mas também a China, a América Central, a América do Sul e as Terras Altas da Papua Nova Guiné) a se expandirem em todas as direções, superando os grupos caçadores-coletores de baixa densidade.

As evidências de uma história das línguas tornam-se relevantes aqui, sobretudo pelo trabalho de Colin Renfrew. Em 1796, Sir William Jones, chefe de justiça da Índia e fundador da Sociedade Real Asiática, apresentou um famoso discurso sobre cultura indiana em que apontava as semelhanças entre a língua antiga da Índia, o sânscrito, e várias outras línguas, como o persa, o grego, o latim, o germânico e as línguas célticas, encontradas na Europa e na Ásia.

A palavra para fogo, por exemplo, é *agnis* em sânscrito e *ignis* em latim, da qual a língua inglesa adquire a palavra *ignite* (incendiar, acender). Todas as línguas da Europa (com raras exceções, tais como o basco, o húngaro, o estoniano e o finlandês), algumas da Ásia, tais como o armênio, o persa, e uma série de línguas indianas foram agrupadas e denominadas línguas "indo-europeias". Jones procurou uma origem para essas línguas na diáspora que teria ocorrido quando a arca de Noé aportou, uma origem que hoje muitos não aceitariam. No entanto, muitos esforços foram feitos para reconstruir uma protolíngua indo-europeia com base nas semelhanças nas formas das palavras conhecidas hoje e em mudanças sistemáticas em tais formas ao longo do tempo. A base da linguística histórica – surpreendente, mas inegável – é o fato de que há mudanças fonéticas sistemáticas entre uma língua e outra. Por exemplo, *ph* em grego normalmente se torna *b* nas línguas germânicas; assim, a palavra grega *phrater*, "membro do clã", se torna a palavra inglesa *brother*. As mudanças sistemáticas permitem estabelecer relações e reconstruir histórias.

Nos anos 1980, quase duzentos anos depois de William Jones, Renfrew se interessou por saber se as origens das línguas indo-europeias poderiam ser associadas a mudanças nos vestígios arqueológicos. De fato, Renfrew buscava uma "grande síntese" entre arqueologia, linguística histórica e genética. Ao considerar a distribuição das línguas indo-europeias, ele percebeu que houve um único episódio ou processo ao longo dos últimos milhares de anos que poderia ser responsável por tamanha distribuição de línguas correlatas: a disseminação da agricultura e dos agricultores. Então, ele e outros estudiosos ampliaram a hipótese das origens da agricultura para explicar as origens e a disseminação de outros grupos linguísticos amplamente distribuídos, entre os quais os principais eram o grupo nigero-congolês do oeste, centro e sul da África que, segundo se pensava, foi trazido do oeste da África pela migração de agricultores bantos; as línguas austronésias, encontradas em todo o sudeste asiático (e também em Madagascar); e as línguas costeiras da Papua Nova Guiné e das ilhas Salomão, que se espalharam pelo Pacífico chegando ao Havaí,

Línguas não indo-europeias da Europa

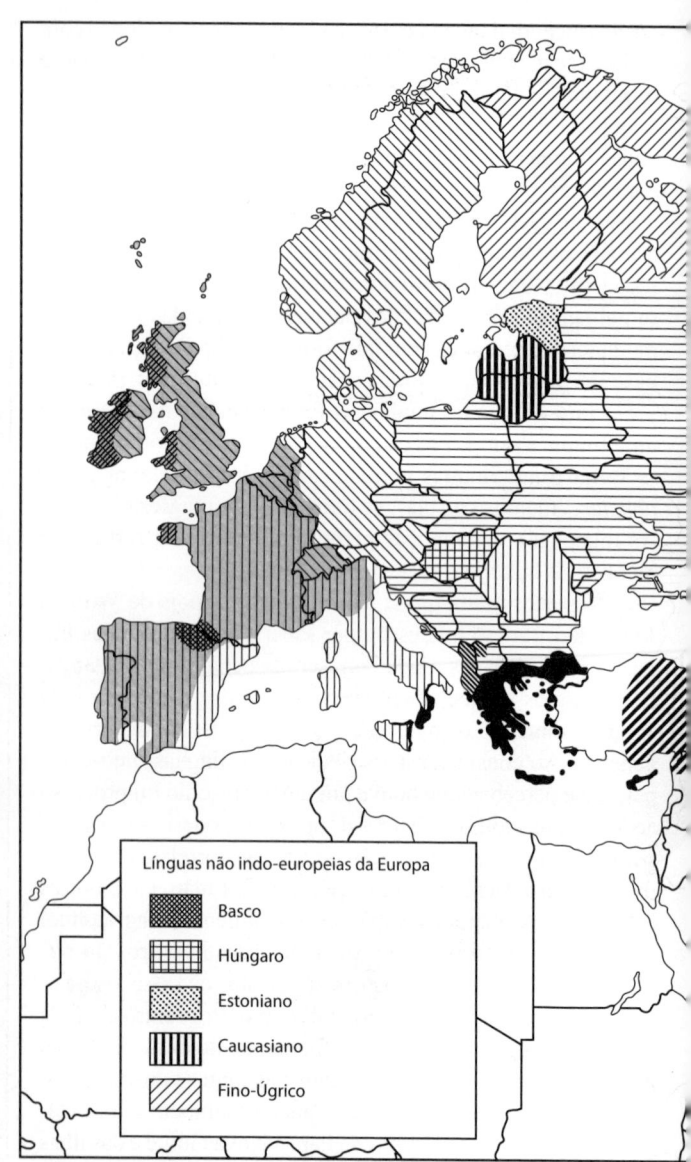

- Basco
- Húngaro
- Estoniano
- Caucasiano
- Fino-Úgrico

12. Distribuição das línguas indo-europeias.

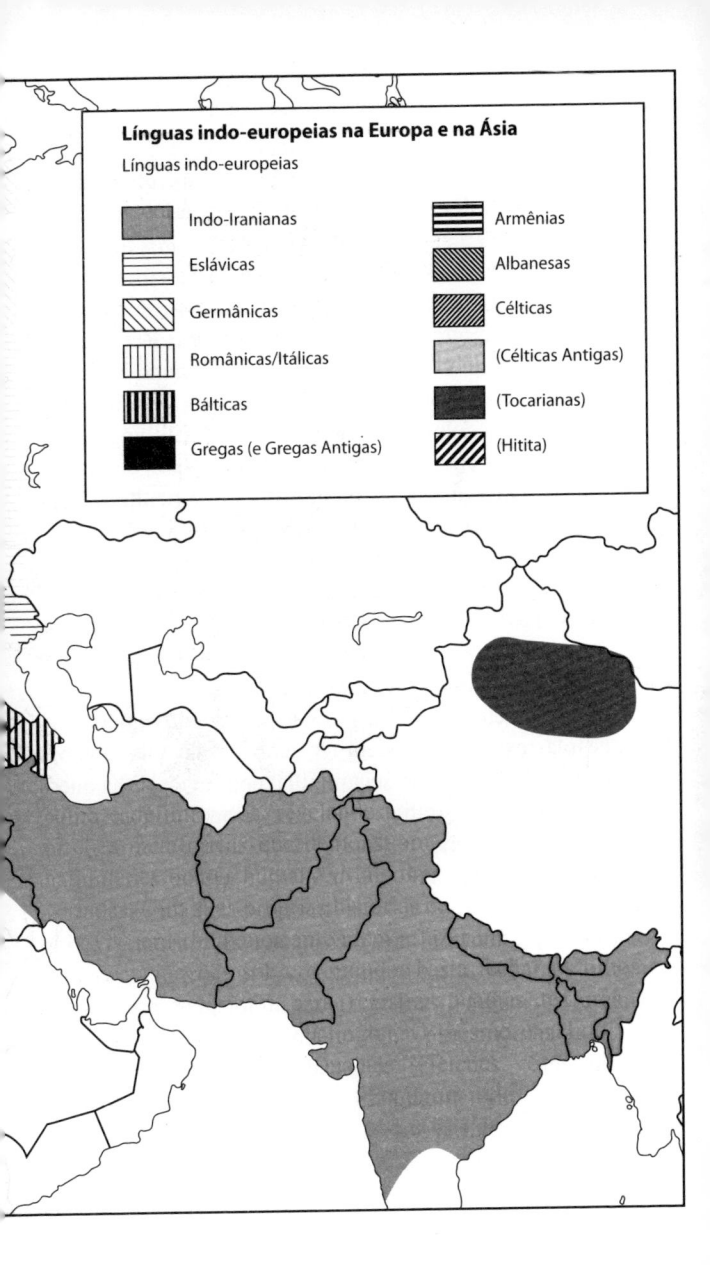

Línguas indo-europeias na Europa e na Ásia

Línguas indo-europeias

- Indo-Iranianas
- Eslávicas
- Germânicas
- Românicas/Itálicas
- Bálticas
- Gregas (e Gregas Antigas)
- Armênias
- Albanesas
- Célticas
- (Célticas Antigas)
- (Tocarianas)
- (Hitita)

à ilha de Páscoa e à Nova Zelândia, supostamente difundidas por agricultores originários de Taiwan.

A teoria de que as línguas se espalharam através da agricultura foi só uma entre várias hipóteses concorrentes. Foi formulada antes dos muitos indícios da genética molecular moderna e levou à suposição de que os primeiros agricultores a se expandir pelos vários continentes deixariam um claro sinal genético. Os resultados genéticos não forneceram muitos indícios de migração neolítica, e o próprio Renfrew foi um dos primeiros a reconhecer esse fato. A impressionante continuidade das populações do Paleolítico na Europa precisa de novos modelos de origem e disseminação linguística, não relacionados com a agricultura. As populações da Europa podem ser muito anteriores ao advento da agricultura, conforme mostrado pela ausência de novas informações genéticas nos últimos 10 mil anos, mas também não apresentam continuidade com o primeiro advento dos humanos modernos, por volta de 40 mil a.C. A expansão de pessoas a partir de seus refúgios glaciais por volta de 15 mil anos atrás confere à maioria dos povos da Europa uma história de duração similar à dos primeiros colonizadores do continente americano. As mesmas expansões podem ter ocorrido na Ásia, embora nossos indícios ainda não sejam muito confiáveis. E há quem defenda que na Austrália as pessoas foram obrigadas a se refugiar devido à expansão dos desertos para ressurgir há cerca de 15 mil anos, apesar de que, mais uma vez, os indícios são escassos. As contrações e expansões de populações de indivíduos durante o último ciclo glacial podem ter ocorrido também na África. Se tais expansões ocorreram (e isso continua não passando de uma hipótese) em todos os continentes, os ancestrais de tais populações remontam ao fim da última Era do Gelo. Embora tenha havido movimentos populacionais mais recentes, estes foram surpreendentemente locais e menores, anteriores aos últimos quinhentos anos.

Será possível que a distribuição das línguas europeias tenha ocorrido pela primeira vez no fim do Paleolítico – quando há similaridades na cultura material de várias partes da Eurásia –, sendo então reforçada e, em certa medida, reordenada por contatos posteriores? Esta é uma proposta que explicaria os dados genéticos, sem entrar em conflito com os vestígios arqueológicos, mas que encontra pouco apoio entre os linguistas (em parte porque qualquer coisa ocorrida há tanto tempo está além do alcance da reconstrução histórica). Mas é preciso dizer que, até o momento, nenhuma proposta agradou à maioria em todas as três disciplinas. De maneira similar, entre os austronésios, os dados genéticos não apresentam indícios de um berço em Taiwan, onde teriam se originado os grupos agrícolas da região, e sim no leste da Indonésia, onde não há vestígios associados com o surgimento da agricultura. As relações entre língua, genética e arqueologia parecem tudo, menos claras, e a hipótese da disseminação da agricultura não se sustenta muito bem nem mesmo na África, onde as migrações de bantos não são aceitas por alguns arqueólogos e os dados genéticos não são bem compreendidos, mas obviamente muito complicados. As línguas australianas não estão relacionadas com nenhuma outra fora do continente (a única possível exceção são as línguas das Terras Altas da Nova Guiné), o que indica alguma antiga divergência entre elas e todas as outras famílias de línguas. As línguas das Américas ainda são surpreendentemente controversas. As línguas na-dene da América do Norte formam um grupo coeso, supostamente devido a origens recentes, mas muitas das línguas do resto do continente são amontoadas em vez de serem agrupadas segundo algum critério tipológico, e sua unidade é um tanto duvidosa.

A pré-história não tem palavras a nos oferecer diretamente, mas a linguagem não está totalmente fora do escopo da reconstrução histórica com base na distribuição de semelhanças e diferenças entre as línguas recentes. O mesmo processo de inferência, passando da distribuição de características modernas a histórias mais profundas, é encontrado na genética, em que a recuperação e a análise de DNA de esqueletos antigos ainda estão repletas de todo tipo de dificuldade. A análise de características genéticas modernas está produzindo uma imagem de todos os continentes, de populações antigas e estáveis com marcadas continuidades até o presente. A principal ressalva aqui é a substituição maciça de populações indígenas por europeias em lugares como América do Norte, Austrália e Nova Zelândia. No final do Plistoceno, as populações estavam bem estabelecidas em todos os continentes e permaneceram praticamente estáveis desde então, com relativamente poucos imigrantes antes dos últimos quinhentos anos. Os genes são a melhor forma de demonstrar continuidades no longo prazo, corroboradas por vestígios arqueológicos. Quanto às línguas, sua situação histórica ainda é controversa. Seja como for, os indícios gerais de continuidade ao longo dos últimos 15 mil anos fornecem a base para postular diferenças na pré-história para cada um dos continentes.

Em todo o mundo, a hipótese da expansão de pessoas devido ao início da agricultura não encontra grande apoio na genética nem na arqueologia, obrigando-nos a considerar histórias mais longas. Isso também tem nos levado a repensar a natureza e o início da própria agricultura.

Comensalismo

Comensalismo denota um processo de viver junto em apoio e dependência mútuos. A vida humana moderna envolve relações próximas com determinadas plantas, animais e coisas materiais. Na Europa, dependemos de cereais, vacas e ovelhas para nos alimentarmos, mas em suas formas domesticadas eles dependem de nós para sua propagação, alimentação e sobrevivência. Tais relações mútuas costumam surgir de forma gradativa em vez de serem inventadas de uma hora para outra. O uso de determinados animais ou plantas como alimento encoraja formas especiais de cultura material para o preparo e o consumo; assim, relações duradouras com outras espécies podem encorajar certos conjuntos de ferramentas para a convivência, tais como recipientes, ferramentas de pedra, fornos ou casas. Viver com plantas e animais requer a criação de novas paisagens, cada uma delas com seus próprios padrões de campos e bosques, de desertos e uádis ou de florestas tropicais com clareiras. O comensalismo é um processo pelo qual as pessoas criam mundos para si mesmas com estruturas especiais de comunidade, paisagens e artefatos, assim como suas próprias formas de história. As paisagens locais podem ser criadas por processos locais, mas muita coisa também circulou e foi difundida entre diferentes populações nos últimos 10 mil anos.

Em vários continentes, as pessoas compartilham histórias de dependência mútua com espécies de plantas e de animais. Sem as habilidades e o cuidado dos humanos, os rebanhos de gado e de ovelha são vulneráveis à predação e à doença; os cereais domesticados têm dificuldade de penetrar a superfície do solo e não conseguem germinar sem ajuda humana; maçã, feijão e cenoura só se propagam por conta própria com dificuldade. As populações humanas densas precisavam dessas espécies para se manter. Menos óbvios, mas igualmente importantes, foram os comensais próximos, tais como ratos, pássaros, insetos e vermes intestinais que viviam nas casas, nos campos e no corpo humano e cujas histórias tornaram-se completamente entrelaçadas com a nossa. O comensalismo também existe como formas de poder entre homens e mulheres, adultos e crianças, o mundo espiritual e o humano, e entre aqueles que estão no centro e os que estão na margem do grupo. Por fim, mas não menos importante, o comensalismo está associado com a estética e as emoções, as operações sensoriais do corpo que atribuem valores às coisas e às pessoas, formando a base da crença comum. Nem é preciso dizer que a vida não era idêntica em todas as áreas de todos os continentes: cada continente tinha seus próprios tipos de comensalismo e sua própria gama de respostas.

Conforme assinalou Jared Diamond, é mais fácil criar vínculos na mesma latitude devido a semelhanças na vegetação, temperatura, duração do dia e sazonalidade do que entre norte e sul, atravessando longitudinalmente uma massa de terra. Em termos físicos, as estepes que se estendem da

Ucrânia ao norte da China têm mais semelhanças umas com as outras do que com as regiões florestadas ao norte ou os desertos ao sul, e isso pode ter promovido viagens, contatos e o deslocamento de plantas, animais e produtos de troca de norte a sul do continente – a Rota da Seda pelos desertos, com suas origens na Idade do Bronze, é o exemplo mais famoso de tais conexões. A Eurásia testemunhou transferências complexas de tecnologia e recursos durante os últimos milênios, tornando impossível separar a Europa da Ásia. Em todos os continentes, os elementos trazidos de outros lugares são importantes, mas os novos cultivos ou itens de cultura material só eram aceitos quando encontravam um lugar nos antigos esquemas de vida.

Um importante elemento que mantém as pessoas unidas é a comida. Durante o século XX, houve uma mudança de foco significativa nas reflexões sobre comida, quando este passou da produção ao consumo. Para Gordon Childe, houve três grandes revoluções na história humana – a Neolítica, a Urbana e a Industrial –, e tanto a vida nas cidades, ocorrendo pela primeira vez em 3.500 a.C., quanto a industrialização recente foram os resultados derradeiros da adoção da agricultura, que foi, portanto, o momento crucial. O Neolítico foi revolucionário para Childe porque a adoção de plantas e animais domesticados significou fontes mais seguras de alimento, permitindo um maior controle sobre o ambiente do que a vida de caçador-coletor à mercê da natureza. Com a provisão de alimentos assegurada, as pessoas puderam se instalar, e uma vida sedentária criou a necessidade e o tempo livre para produzir cultura material mais variada e sofisticada, tal como cerâmica, artigos têxteis, pedras de moagem e casas, com experimentos posteriores em tecnologia de metais. "A superação do impasse da selvageria foi uma revolução econômica e científica que levou os participantes a se tornarem parceiros ativos da natureza em vez de seus parasitas" (Childe, 1942, p. 48). Os agricultores não só alteravam a natureza por meio da domesticação de plantas e de animais como também "criavam novas substâncias que não estão disponíveis na natureza em sua forma acabada" (Childe, 1942, p. 49). A cerâmica, a lã e a cera de abelha eram manifestações concretas de uma apreciação mais racional da natureza e de suas propriedades. Uma outra inovação do pensamento de Childe foi incluir questões de gênero. "Todas as invenções anteriores [várias técnicas agrícolas, a produção de cerveja etc.] foram, a julgar pelos indícios etnográficos, trabalho de mulheres. Ao sexo feminino também podem ser creditadas a química da confecção de cerâmica, a física da fiação, a mecânica do tear e a botânica da cera e do algodão" (Childe, 1942, p. 59). A revolução neolítica não poderia ter sido mais profunda, alterando as relações das pessoas com a natureza e umas com as outras. Todas as inovações que Childe destacou diziam respeito à produção, contendo o pressuposto de que as vantagens de suas várias invenções eram tão evidentes por si só que seriam imediatamente adotadas.

Hoje podemos ver que em muitos casos a adoção da agricultura não foi repentina, nem representou uma ruptura total com modos de vida anteriores. Examinemos com mais atenção um sítio do Extremo Oriente, a área que para Childe foi o berço de grande parte da agricultura da Eurásia. A mais antiga domesticação de plantas e animais aconteceu no oeste da Ásia, na região que vai da Turquia Oriental ao Levante. No norte da Síria, no meio do Eufrates, há um grande lago atrás de uma barragem. Sob as águas do lago encontra-se um sítio conhecido como Abu Hureyra, escavado nos anos 1970 antes da construção da barragem. Os habitantes do sítio provavelmente tiveram acesso a uma ampla variedade de alimentos e matérias-primas, inclusive plantas e animais do vale úmido do Eufrates e de um uádi próximo, da estepe florestada e dos bosques das colinas, um pouco mais distantes. Há dois assentamentos sobrepostos em Abu Hureyra; um em que as pessoas complementavam a caça e a coleta com o cultivo e um segundo em que a criação e a domesticação de animais tornaram-se mais importantes. O sítio foi ocupado pela primeira vez há 11,5 mil anos por pessoas que caçavam gazelas.

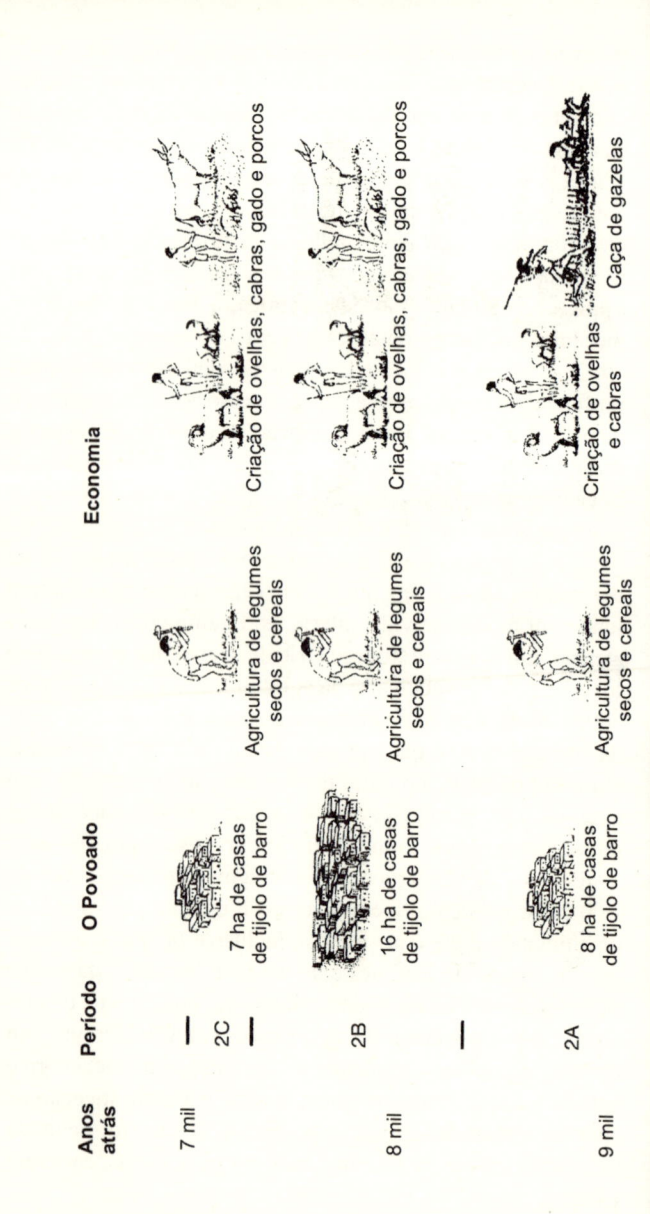

Anos atrás	Período	O Povoado		Economia	
7 mil	— 2C —	7 ha de casas de tijolo de barro	Agricultura de legumes secos e cereais	Criação de ovelhas, cabras, gado e porcos	
8 mil	2B	16 ha de casas de tijolo de barro	Agricultura de legumes secos e cereais	Criação de ovelhas, cabras, gado e porcos	
9 mil	— 2A	8 ha de casas de tijolo de barro	Agricultura de legumes secos e cereais	Criação de ovelhas e cabras	Caça de gazelas

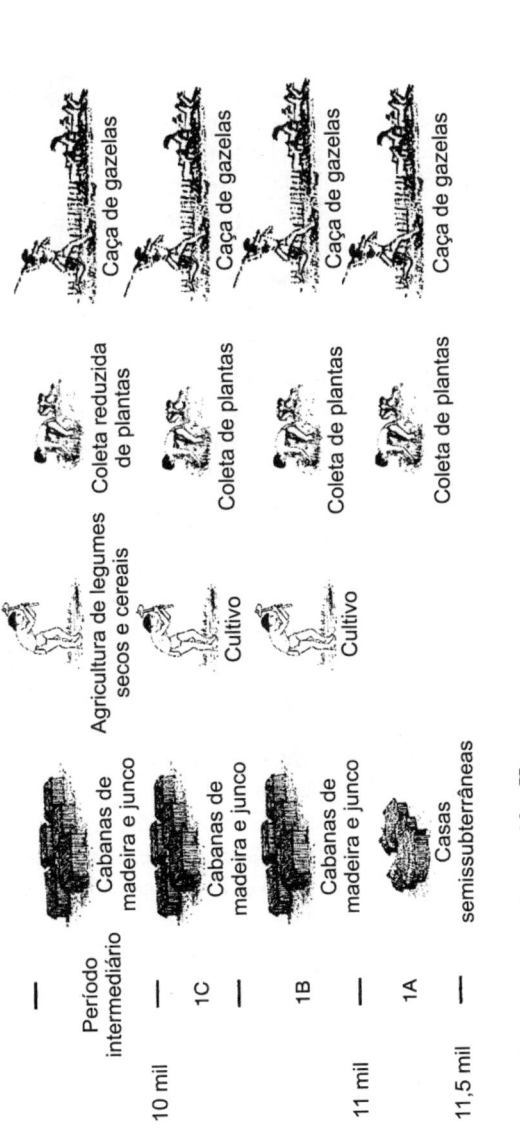

Período intermediário				
10 mil				
1C	Cabanas de madeira e junco		Coleta reduzida de plantas	Caça de gazelas
1B	Cabanas de madeira e junco	Agricultura de legumes secos e cereais	Coleta de plantas	Caça de gazelas
11 mil	Cabanas de madeira e junco	Cultivo	Coleta de plantas	Caça de gazelas
1A	Casas semissubterrâneas	Cultivo	Coleta de plantas	Caça de gazelas
11,5 mil				

13. Cronologia e atividades em Abu Hureyra.

Toda primavera, bandos de gazelas persas migravam para o norte partindo de suas áreas invernais no sul da Síria, atravessando a passagem de El Kum e prosseguindo rumo ao Eufrates. Abu Hureyra estava situado exatamente onde elas dobravam para o oeste para então se espalhar pela estepe, e é provável que a chegada das gazelas tenha sido o ponto crucial na vida dos habitantes durante quase 3 mil anos.

Os habitantes do sítio viviam em cabanas de madeira e junco e confeccionavam ferramentas de sílex e ossos, além de pilões e pedras de moagem para o processamento de plantas silvestres. A partir de 11 mil anos atrás, um período em que as condições climáticas amenas da última glaciação deram lugar a um clima mais frio e úmido, as pessoas começaram a cultivar centeio doméstico e possivelmente outros cereais; o aumento de sementes de ervas daninhas associadas com plantações é um bom indicador de que os campos eram cultivados. Entre 11,5 mil e 9 mil anos atrás, a vida das pessoas provavelmente tinha uma rotina marcada pelas estações do ano. Em abril, a chegada dos bandos de gazelas pode ter significado um período intenso de abatimento e corte de animais, e é provável que parte da carne fosse salgada ou armazenada. Essa também era uma época em que se fazia necessário coletar muitas gramíneas silvestres, e a colheita do centeio doméstico tinha de ser feita antes de junho. O começo do alto verão, entre julho e novembro, significava que era hora de coletar sementes de junco e milhete nos vales, raízes e tubérculos nas estepes e, mais esporadicamente, caçar veados e porcos. Há alguns indícios de que o processamento de plantas era feito mais por mulheres do que por homens, já que o desgaste nos ossos das costas e dos pés indica que elas se dedicaram ao árduo trabalho de moagem em posição ajoelhada; alguns homens também participavam dessa tarefa. Entre dezembro e abril, coletavam-se raízes e tubérculos e caçava-se um pouco.

A introdução gradual de plantas e animais domesticados complementava esse ciclo em vez de suplantá-lo. É provável que a preparação do solo e o plantio ocorressem durante o verão; no inverno, removiam-se as ervas daninhas e o cultivo recebia os cuidados necessários; e a colheita e o processamento aconteciam na primavera. Há 10 mil anos, havia talvez trezentas pessoas vivendo no sítio, o que significa que este era um novo tipo de assentamento. Ao longo desse período inicial, há continuidades quanto às ferramentas de sílex e pedra utilizadas, o que mostra certa estabilidade na rotina diária. A localização das lareiras no interior das cabanas também permaneceu a mesma, de modo que gerações e gerações posicionaram-se de maneira similar diante do fogo. Está claro que o sedentarismo de larga escala precedeu a agricultura e que esta não surgiu como uma invenção repentina, e sim como uma série de adições que se encaixavam em um estilo de vida anterior e o ampliavam. A estrutura do ano fornecia o padrão para a plantação e a colheita de cultivos, como o centeio. Esses cultivos produziam sementes que serviam para preparar os mesmos tipos de mingaus e pães que eram preparados com sementes silvestres; portanto, a continuidade de tarefas e de consumo facilitou a assimilação da novidade aos modos de vida existentes. Pessoas, animais e plantas cresceram juntos por muitas gerações, e assim os hábitos e as necessidades de cada um foram tornando-se visíveis para os demais.

No entanto, Abu Hureyra é um sítio arqueológico revolucionário devido a seu tamanho e permanência, um entre um número muito pequeno de sítios com grandes povoados encontrados na última glaciação no sudoeste da Ásia (ou em qualquer parte do mundo). Ao viverem juntas em grande número, as pessoas devem ter se deparado com novos problemas sociais. Grupos de caçadores-coletores nômades e de baixa densidade podem lidar com conflitos e dificuldades por meio da dispersão: podem abandonar uma discussão. Várias centenas de pessoas vivendo em estreitas relações de dependência não podem fazer isso. Para Ian Hodder, a principal domesticação ocorrida no Neolítico não foi de plantas nem de animais, e sim da própria sociedade. Hodder acredita que, se houve uma revolução associada com o Neolítico, foi uma revolução no simbolismo, em que as formas das casas, os entalhes em pedras, os enterros, a cerâmica (quando esta surge), todos apresentam formas complexas de decoração e significado que eram completamente novas e visavam ajudar a lidar com as tensões entre homens e mulheres. O sedentarismo deu nova forma às relações entre gêneros e novos valores ao nascimento e à morte, agora associados com entrar e sair da comunidade (temos poucos indícios do primeiro, mas indícios consideráveis de enterros). Suspeitamos, portanto, que os habitantes tinham um complexo ciclo de rituais, em parte anual e em parte determinado por acontecimentos imprevistos como a morte, que podemos observar no simbolismo dado aos objetos, à posição das lareiras e aos enterros.

Abu Hureyra I proporcionou um centro de vida na forma de um grande povoado, composto de casas com seus próprios centros individuais na lareira. Dessas novas concentrações de pessoas, as relações espalharam-se primeiro para a paisagem ao redor e então para mais longe, conforme indicado pelo movimento de conchas marinhas, obsidianas e outros materiais exóticos. Por mais incrível que tenha sido, o assentamento construído a partir de 9,4 mil anos atrás era bem diferente. As casas eram então construídas com tijolos de barro, com pouco espaço entre elas, em uma distribuição espacial, alinhamento e forma de construção que duraram cerca de 2 mil anos. Se considerarmos que uma casa era substituída a cada cinquenta anos, isso significa aproximadamente quatrocentas substituições de casas ao longo da existência do assentamento. O povoado agora era grande: entre 8,3 mil e 7,3 mil anos atrás, ocupava cerca de 16 hectares, abrigava entre 5 mil e 6 mil pessoas e requeria entre 1 mil e 2,5 mil hectares de campos. Havia, nessa época, seis cereais domesticados (centeio, três variedades de trigo – *emmer, einkorn* e comum – e dois tipos de cevada, com duas e com seis fileiras de grãos por espiga), além de lentilha, ervilha e ervilhaca; a fava e o grão-de-bico surgiram a partir de 7,3 mil anos atrás. Sob os pisos das casas estavam os mortos enterrados, sendo que o número de mulheres enterradas era maior do que o de homens. Como em muitos sítios dessa época, dava-se ênfase ao crânio, que com frequência era removido do corpo e às vezes embrulhado. De fato, há indícios consideráveis de que o enterro era uma fase final de um elaborado tratamento do corpo após a morte. Era comum que se ofertassem objetos funerários, dentre os quais ossos de animais, contas de ossos e obsidianas, e tais produtos não apresentam claras diferenças entre homens e mulheres. Por volta de 7 mil anos atrás, a cerâmica foi introduzida, o que provavelmente causou profundas mudanças no modo como a comida era preparada e servida, além de proporcionar um meio muito plástico para o simbolismo, por meio da pintura e da forma do recipiente. As paredes e os pisos das casas também eram pintados, uma atividade que talvez tenha ocorrido regularmente. Foram encontradas estatuetas de argila e de pedra em forma de animais, algo comum em todo o sudoeste da Ásia.

O enorme povoado de tijolos de barro em Abu Hureyra é apenas um dentre um grande número de comunidades neolíticas primordiais encontradas do sudeste da Europa à Ásia central. Todas elas têm em comum elementos gerais de arquitetura, cerâmica, cultivos e ferramentas de pedra, mas cada região também tem sua própria maneira de associar os elementos. Escavei um pequeno povoado do começo do Neolítico no atual Turcomenistão, na base do planalto iraniano e na fronteira do deserto de Karakum, que se estende 1 mil quilômetros para o norte. Aqui havia um pequeno assentamento de vinte ou trinta casas ocupadas na época, com belas cerâmicas pintadas, uma ênfase no cultivo de trigo *einkorn* e criação de ovelhas e cabras, mas sem qualquer indício de enterros humanos. É possível que, embora a arquitetura do sítio fosse permanente, as pessoas não o fossem, indo e vindo entre as terras baixas e as montanhas, construindo e reconstruindo suas casas em intervalos regulares, de modo que o sítio teria se erguido rapidamente, sendo impossível distinguir entre as datas das casas mais baixas e mais altas surgidas por volta de 7 mil anos atrás. O grande sítio de Çatal Höyük, na Turquia, escavado atualmente por Ian Hodder e sua equipe, é enorme em tamanho, mostra muitos dos elementos de continuidade encontrados em Abu Hureyra, mas tem formas ainda mais marcadas de simbolismo na decoração de casas, artefatos e enterros. As pessoas estabeleceram culturas semelhantes por toda a Europa e a Ásia, mas usaram esses pontos em comum de maneiras específicas em cada localidade, respondendo às necessidades e aspirações que foram surgindo por meio de novos vínculos entre pessoas, animais, plantas e o mundo material.

O velho modo de conceber a agricultura enfatizava a invenção. Hoje, as questões de adoção são de fundamental importância. Toda novidade deve corresponder às normas culturais antes de ser aceita e, em muitos casos, a adoção significa que os artefatos e a espécie têm sua forma ou uso modificados a fim de se ajustar às práticas existentes. As pessoas, as plantas e os animais cresceram juntos de várias maneiras; não se trata tanto de invenção quanto de convivência em um contexto de necessidades que vão mudando. Jared Diamond estimou que há cerca de 148 espécies de herbívoros e onívoros em todo o mundo que pesam 45 quilos ou mais. Somente catorze dessas espécies foram domesticadas, o que nos leva a perguntar sobre as outras 134. Ainda mais surpreendente é que, das 200 mil espécies de plantas superiores em todo o mundo, apenas cerca de cem foram domesticadas e usadas em alguma medida. Apesar dos muitos programas de pesquisa recentes estimulados pelo agronegócio, quase nenhuma espécie extra foi adicionada às listas originais de animais e plantas usados como alimento. A grande maioria das espécies que comemos foi domesticada na pré-história.

Diamond adota uma abordagem funcionalista da domesticação, que enfatiza a produção de alimento. As zebras são seres repugnantes, os ursos cinzentos são violentos e grandes demais, os elefantes procriam muito devagar e, portanto, nenhum desses animais é uma fonte manejável ou produtiva de alimento. Esses fatores realmente explicam uma parte, assim como a abundância de animais de rebanho na África, que reduziu a necessidade de domesticação. No entanto, as relações entre seres humanos e animais e plantas são parcerias e deveriam ser examinadas sob todos os ângulos, e não só com base nas características dos elementos não humanos. Os matrimônios às vezes fracassam por culpa de uma das partes, mas isso é muito raro, e quase sempre ambos os parceiros têm um dedo no sucesso ou no fracasso. Crescer juntos durante milênios tem sido a história de plantas, animais e humanos em todos os continentes.

A domesticação é um termo útil, já que é capaz de capturar o caráter mútuo do processo. Domesticação normalmente se refere às alterações físicas e comportamentais provocadas pelas pessoas em espécies de plantas e animais a fim de torná-los fontes mais produtivas de alimento e mais dóceis de manter ou fáceis de cultivar e processar.

Área	Espécies domesticadas		Mais antiga data de domesticação comprovada
	de plantas	de animais	
Origens independentes de domesticação			
1. Sudoeste da Ásia	trigo, ervilha, oliva	ovelha, cabra	8.500 a.C.
2. China	arroz, milhete	porco, bicho-da-seda	antes de 7.500 a.C.
3. Mesoamérica	milho, feijão, abóbora	peru	antes de 3.500 a.C.
4. Andes e Amazônia	batata, mandioca	lhama, porquinho-da-índia	antes de 3.500 a.C.
5. Leste dos Estados Unidos	girassol, quenopódio	nenhum	2.500 a.C.
? 6. Sahel	sorgo, arroz africano	galinha-d'angola	antes de 5 mil a.C.
? 7. Oeste da África tropical	inhame africano, dendezeiro	nenhum	antes de 3 mil a.C.
? 8. Etiópia	café, capim-chorão	nenhum	?
? 9. Nova Guiné	cana-de-açúcar, banana	nenhum	7 mil a.C. ?
Domesticação local após a chegada de cultivos iniciados em outros lugares			
10. Europa Ocidental	papoula, aveia	nenhum	6 mil-3.500 a.C.
11. Vale do Indo	sésamo, berinjela	zebu	7 mil a.C.
12. Egito	sicômoro, chufa	asno, gato	6 mil a.C.

14. Algumas das principais espécies domesticadas em cada região do mundo.

Examinamos em detalhes o Oriente Médio; consideremos outras áreas mais brevemente. Um dos debates sobre a África, em parte motivado por atitudes colonialistas, é até que ponto alguma coisa foi inventada na África ou se todos os elementos da vida foram introduzidos de fora. Essas perguntas em parte demonstram uma preocupação europeia com as origens, quando é muito mais importante mostrar que uso foi feito das coisas. No entanto, as recentes análises genéticas de gado e ovelha indicam que ambos podem ter sido domesticados no leste da África, embora no caso do gado tenha havido pelo menos dois centros de domesticação, sendo o segundo em algum lugar na Índia, a fonte de zebu. Os complexos de gado no leste da África são um excelente indício dos diferentes usos que as pessoas dão às coisas, já que o gado não é puramente um recurso econômico, ainda que importante por seu leite e sangue, mas a base fundamental do status social e dotado de grande simbolismo para nuers, dinkas e massais de hoje e durante muito tempo no passado. As ovelhas nunca alcançaram a mesma proeminência social na África, apesar de serem um importante animal de rebanho no sul do continente. O cavalo, o asno e o camelo foram todos domesticados no oeste da Ásia no terceiro milênio a.C. e posteriormente introduzidos na África, sendo que o búfalo-asiático foi trazido pelos árabes por volta de mil anos atrás. O milhete (tanto o pérola quanto o pé-de-galinha) foi domesticado no leste da África e depois se espalhou para a Ásia. Minha fruta favorita, a banana, um item essencial na dieta de algumas regiões da África hoje, tem uma história complexa, tendo sido domesticada em dois centros, na Papua Nova Guiné e no sudeste da Ásia, e levada do sudeste asiático para a Índia e a África pelo oceano Índico, possivelmente por volta de 1,5 mil a.C.

Eu poderia continuar com essa lista de domesticações e movimentos, mas não. Pensemos em um grupo massai no leste da África sentado sob uma árvore, o gado domesticado localmente ao fundo, comendo uma refeição de milhete e bananas cozidas, acompanhada de uma xícara de chá bem adoçada com açúcar (uma planta originada na Papua Nova Guiné), e consideremos a complexidade das histórias por trás de cada elemento da refeição, dos quais somente os dois últimos foram introduzidos sob influência colonial. A mesma complexidade é encontrada em qualquer parte do mundo, embora as histórias tendam a diferir quanto ao tempo e aos materiais. Grande parte das inovações associadas com a agricultura não ocorreu por razões utilitárias, mas seguindo os ditames do paladar. As primeiras formas de domesticação na América do Sul aconteceram na costa antes de 8 mil a.C. e envolveram cultivos como cabaça, batata e mandioca, mas também alimentos saborosos como abacate, pimenta-malagueta e feijão. Estes foram introduzidos nos sítios do interior dos Andes a partir de 4,2 mil a.C.; os alimentos saborosos acompanharam, desde o início, aqueles que compunham a base alimentar, e cada vale escolhia sua própria lista de cultivos. A comida é vital para definir a identidade no presente e também foi assim no passado: em cada vale, o grupo fazia variações pequenas mas significativas em sua dieta para se diferenciar dos demais. Conforme assinalou Andrew Sherratt, cultivos que mais tarde se tornaram itens essenciais da alimentação, tais como trigo, banana e batata, podem ter começado como complementos de luxo à dieta, criando variedade e diferenciação social. Não podemos viver só de pão e, nos primórdios, o pão talvez tenha sido um delicioso complemento à cozinha das pessoas, sendo os grãos comercializados com certa cerimônia e consequências sociais.

Os novos elementos da vida eram agrupados conforme iam sendo introduzidos ou desenvolvidos localmente. Este não foi um processo aleatório, mas um que correspondia à lógica da vida local, como podemos ver com base nas introduções mais recentes. Os grupos maoris adotaram prontamente a batata *solanum* (domesticada pela primeira vez na América do Sul por volta de 8 mil a.C., como acabamos de ver) quando esta foi introduzida na Nova Zelândia, no início do século XIX, e isso por causa da popularidade existente da batata-doce (que também foi domesticada pela primeira vez na América do Sul, mas atravessou o Pacífico pelo menos mil anos antes). Isso contrasta com a introdução da batata na Bretanha por Sir Walter Raleigh (junto com o tabaco), ela que por algum tempo foi cultivada como uma planta ornamental, já que as tradições de cultivar, cozinhar e comer tubérculos eram muito menos desenvolvidas do que as tradições de lidar com cereais. Hoje, é claro, ninguém na Bretanha pensaria na batata como um cultivo estrangeiro. As novidades precisavam soar familiares nos modos locais de fazer as coisas para que fossem aceitas, embora mais tarde possam ter transformado as vidas das pessoas de maneiras inesperadas. E não só gêneros alimentícios foram aceitos como inovações. A aceitação da cerâmica, um meio particularmente plástico, gerou novas possibilidades na criação de formas, efeitos de pintura e outros padrões de decoração de superfície, bem como a capacidade da maneira de refletir a natureza do conteúdo, como é o caso dos potes em formato de papoula provenientes da Europa, que possivelmente continham ópio. A vida combina a continuidade de velhas formas e a exploração de novas possibilidades.

Deixei a área mais controversa para o final: a possibilidade de que cada continente tenha tido seu próprio conjunto de mitos. O mito é, de todo modo, uma área controversa entre os arqueólogos, já que tem uma forte conexão com os adeptos da Nova Era e com os interesses espirituais que atravessam facilmente a fronteira entre o que é respeitável em termos acadêmicos e o que não é. Os pensadores do século XIX viam a história como progressão por uma sequência evolutiva de mito, religião e ciência em que somente a Europa moderna desenvolvera uma ciência verificável, objetiva e eficaz. Essa atitude ainda persiste em alguns grupos, nos quais impera a sensação de que quando os arqueólogos demonstram demasiado interesse por mitos isso talvez signifique que eles abrigam alguma crença irracional. A discussão do ritual é abundante na arqueologia, mas esta examina sobretudo os padrões de ação que podem pressupor algum aspecto ritual, e o conteúdo das crenças costuma ser evitado.

Na tradição do pensamento ocidental, os mitos são vistos de duas maneiras: primeiro, o mito é oposto à realidade e é ficção e não fato; segundo, o mito é oposto à racionalidade, em um contraste que remonta aos gregos antigos, em que *mythos* era considerado inferior a *logos* (pensamento racional) como um meio de apreender o mundo. Pareceria uma perda de tempo estudar pensamentos e sentimentos que são irracionais e não verdadeiros, e esperamos que nossos filhos deixem de acreditar na fada do dente ou no Papai Noel. Mas, como sempre, devemos estar cientes de que os termos que usamos prejudicam a forma como abordamos o estudo do mundo, e o fato de que para muitos no mundo o mito seja uma força poderosa deveria, por si só, fazer com que o levemos um pouco mais a sério. Associarei mito e magia da seguinte maneira. O mito diz respeito a nossas relações com o mundo; sua ubiquidade reflete o fato de que os humanos são seres para quem a existência é uma questão importante. Os mitos delineiam as origens de pessoas, animais, plantas e do mundo como um todo; eles podem, igualmente, falar do fim do mundo, bem como do que pode vir depois. Falam de como as pessoas devem se relacionar umas com as outras e com os outros poderes do cosmos, junto com os perigos de transgredir essas relações. Muitas vezes, usam imagens e linguagens extremamente carregadas; eles são não só contados, como também encenados, usando artefatos que ajudam a comunicar elementos vitais, além de dança, transe e drogas para melhorar o efeito sobre os presentes.

A magia é aliada do mito, mas procura intervir no mundo e transformá-lo em vez de interpretá-lo e descrevê-lo. Em muitos lugares, as mortes humanas têm causas humanas, de modo que adivinhar quem são os responsáveis e trazê-los à justiça requer adivinhação e magia. Da mesma maneira, transformações importantes como a redução ou a fundição de metais precisam das condições adequadas, que incluem a pureza ritual dos ferreiros e os feitiços e encantamentos corretos, bem como o controle do fogo e o equipamento apropriado. Para aqueles que a exercem, a magia não é uma condição subjetiva, e sim uma força objetiva que mobiliza os poderes produtivos do mundo, exatamente como é a ciência para seus praticantes. Comparar ciência e magia não é desmerecer a ciência nem adotar uma postura contrária a ela, mas antes situá-la em tradições mais antigas de tentativas de influenciar o mundo. A grande diferença entre ciência e magia é que a primeira presta pouca atenção à condição espiritual ou moral dos participantes humanos, o que para os magos é vital. Despir a ciência de uma dimensão moral e cosmológica confusa melhorou sua eficácia prática, a qual não tem paralelo. O custo é óbvio, eliminando-se as questões de moralidade do processo científico.

Os vários continentes têm seus próprios conjuntos de mitos e formas de magia. Ambos muitas vezes dizem respeito a objetos. Na América do Norte, os falantes de algonquino, iroquês e siú tinham em comum certas crenças religiosas associadas a cores e a objetos que manifestam essas cores, sendo que as mais importantes eram o vermelho, o branco/azul-celeste e o preto. O vermelho denotava contextos de ação antissocial, como violência e guerra; o branco e o azul-celeste conotavam senso de propósito da mente, conhecimento e as formas mais expansivas do ser; o negro indicava ausência de cognição e alma. Substâncias com determinadas cores – conchas marinhas brancas, espinhos de porcos-espinhos para a confecção de trabalhos com contas, cristais de rocha, cobre nativo, prata ou pedras coloridas – estavam associadas a seres sob a terra ou a água (tais como a grande serpente, a pantera ou o dragão) que eram os espíritos guardiões de diferentes sociedades de culto à medicina. A aquisição e o uso de objetos miticamente carregados eram vitais para o bem-estar humano e a fertilidade do mundo natural. A prosperidade estava mais associada com medicina do que com a categoria europeia de riqueza material, garantindo saúde e bem-estar e devendo ser usada com sabedoria. Por um processo de "transubstanciação", os valores atribuídos aos objetos locais foram estendidos aos itens de troca europeus. Os europeus, nesse período proto-histórico, foram assimilados à rede de relações locais por meio da significância dos itens de troca que trouxeram consigo: a materialidade era a base para formas específicas de sociabilidade. O material que chegava a essas áreas setentrionais tinha origens tão distantes como o México, indicando um sistema de crenças compartilhado em várias partes do continente e também em algumas regiões da Sibéria, de onde emanaram as populações nativas americanas. Essas crenças em comum, que devem ter raízes históricas profundas, incluem a diferenciação dos reinos da terra, da água e do céu com algum eixo central que os une, pelo qual os que oram viajam aos espíritos de cada zona. Os conceitos de poder são fundamentais, entre os quais o de "medicina", que é um conjunto de meios para influenciar o mundo de maneiras que são benéficas às pessoas envolvidas. Em todos esses povos observa-se a importância dos xamãs e da experiência visionária, bem como de festejos e oferendas, que consistem em validações de bênçãos recebidas do mundo espiritual. Conforme vimos, em toda parte as ideias de poder e eficácia estavam personificadas nas coisas materiais, de modo que não existia a mesma antítese entre espiritualidade e materialismo, como é comum no pensamento ocidental.

Os povos aborígenes australianos também compartilhavam, em todo o continente, formas de crença conhecidas pelos europeus como o Sonho. Na época da criação do mundo, os espíritos ancestrais percorreram a superfície da terra modelando os elementos de cada região, tais como as formações rochosas, os rios, os arvoredos ou os olhos-d'água, as plantas e os animais (muitos dos ancestrais assumiam a forma de tubarões, dingos – cães selvagens – ou cobras, que então se tornavam o totem ou animal sagrado do grupo em questão) e as pessoas. As histórias do Sonho não só dizem respeito à física e à química da criação da paisagem como também sinalizam as formas de comportamento apropriadas para com outras espécies e pessoas. Os *dreaming tracks* – itinerários que, segundo a crença dos aborígenes, foram percorridos pelos seres criadores durante o Sonho –

abrem caminho por toda a Austrália, vinculando pessoas a grandes distâncias, e seus vestígios podem ser encontrados em canções, pinturas e danças. O livro *Songlines*, de Bruce Chatwin, fornece uma excelente evocação dessa paisagem ritual. O que para os europeus pode parecer uma atividade puramente pragmática, tal como caçar ou coletar, requer respeito pelos poderes espirituais da terra e conexão com eles. A ideologia do Sonho é a de uma conexão com um passado atemporal mas sempre presente, e nos vestígios arqueológicos há indícios de conexões de longa data com alguns motivos rupestres que continuam em uso ainda hoje e podem ter 30 mil anos de idade. As ferramentas de pedra, de onde provém o maior número de vestígios da Austrália, provavelmente foram imbuídas de qualidades estéticas e espirituais devido à cor, ao brilho e à potência de sua fonte, e todos esses aspectos são desafios para o estudioso da pré-história mais acostumado a compreender as propriedades de talhe e corte da pedra em vez de seu significado cosmológico.

A Europa, a Ásia e a África têm mitologias menos compartilhadas universalmente, o que em parte tem a ver com a complexidade das interconexões que existiram nesses continentes e em parte com as sobreposições das várias religiões dos livros sagrados, tais como o budismo, o hinduísmo, o islamismo e o cristianismo. Na Europa, houve muitas discussões sobre se os falantes de línguas indo-europeias tinham um panteão de deuses e crenças religiosas e mitológicas em comum. Há muito espaço para controvérsia aqui, mas eu gostaria de levantar a possibilidade de que a *Ilíada* e a *Odisseia*, colocadas no papel por alguém que conhecemos como Homero, tenham sido as primeiras narrativas escritas que não eram apenas gregas, mas de circulação muito mais ampla, eurasiática. Se isso é verdade, então o fim da pré-história com o advento da escrita pode abrir uma janela para os sistemas de crença das Idades do Ferro e do Bronze na Eurásia de modo mais geral.

Em cada continente, as pessoas estabeleceram vínculos estritos com os animais e as plantas locais. A lhama, a batata-doce e a pimenta-malagueta formaram a base nutricional e o tempero da vida das pessoas na América do Sul de maneira análoga à vaca, ao milhete e à cerveja na África. Em cada continente, as capacidades humanas foram exploradas de maneiras diferentes por meio das interações locais com o mundo. Isso se deve apenas em parte ao fato de que os recursos materiais variavam de um continente para outro, mas se deve também à lógica da magia, do mito e da transformação em cada lugar. Cada continente partiu em suas próprias direções, e a Austrália e as Américas tomaram caminhos especialmente divergentes em comparação com a Eurásia e a África. A separação não impediu o movimento de pessoas, ideias e coisas, mas significou que a aceitação da novidade sempre se baseou na lógica cultural local.

O comensalismo costuma ser um processo lento e contínuo, e não rápido e revolucionário, mas isso não quer dizer que mudanças rápidas nunca aconteçam. Essa continuidade tem raízes na longa estabilidade de populações humanas que remonta ao Plistoceno. No que concerne ao mundo material, foquei-me neste capítulo em plantas e animais e só considerei os artefatos mais brevemente. No próximo capítulo, examinarei a cultura material, a começar por sua relação com a inteligência humana, um termo que sintetiza um pacote completo de habilidades e apreensões humanas.

Capítulo 5

A natureza da vida social humana

Uma pessoa parada do outro lado de um rio grita para alguém na margem oposta: "Como você faz para ir até o outro lado?". A segunda responde: "Você está do outro lado".

Identidade depende de perspectiva. As definições de identidade podem implicar a divisão em dois lados (ou mais) ou podem-se usar distinções mais sutis e fluidas. A identidade também é composta das relações comensais que estabelecemos com outras espécies e com as coisas, de modo que, para a análise social, descobrir a "cola" que mantém cada formação social é de fundamental importância. Poucas coisas são mais relevantes para nós do que nossa identidade, mas poucas são mais difíceis de definir. Talvez por causa dessa relevância e dessas dificuldades, as questões de identidade sempre foram cruciais para a escrita da pré-história. Mapear o surgimento de pessoas como nós ou medir a distância com relação àqueles que são estrangeiros sempre foram grandes preocupações. Muito do que somos, ou do que eles são, é um mosaico de diferentes elementos do modo como agimos para com os outros e para com o mundo material, o que, por sua vez, deriva das características de nossa vida social. A identidade e a sociabilidade estão intimamente conectadas uma com a outra e com os conceitos de inteligência e sensibilidade. Adotarei as questões de identidade como fio condutor para abordar as complexidades da vida social humana, usando a identidade em um sentido específico, como ação instruída. Comecemos com um conceito central e específico, o de inteligência.

A pré-história da inteligência humana

Darwin ficou alarmado. Em 18 de dezembro de 1832, ele se aproximou da costa na baía de Bom Sucesso, perto da extremidade meridional da Terra do Fogo, para se deparar pela primeira vez com os "homens selvagens da região", durante as etapas iniciais da viagem a bordo do *Beagle* que mudaria sua vida. Sua primeira impressão foi a de silhuetas humanas, nuas apesar do frio, uivando e gesticulando desenfreadamente para o navio e seus ocupantes. "Um homem selvagem é um ser miserável", compadeceu-se.

> Não temos motivo para acreditar que eles desempenham qualquer espécie de culto religioso, [...] suas diferentes tribos não têm governo ou chefe, [...] a língua dessas pessoas, de acordo com nossas noções, mal merece ser chamada de articulada, [...] suas habilidades, em certos aspectos, podem ser comparadas com os instintos dos animais, pois não são aprimoradas pela experiência.

A principal característica do homem selvagem do qual provêm todas essas carências era sua selvageria. Carecendo de controle sobre suas emoções, era difícil exercitar a razão; carecendo de controle sobre si mesmo, ele não tinha capacidade de controlar o resto do mundo. O fato de que os habitantes da Terra do Fogo talvez tenham tido relações conflituosas com os navios que passaram antes e que isso pudesse estar na raiz de suas reações não parece ter passado pela cabeça de Darwin, que viu o comportamento deles como puramente irracional. O crescimento do controle racional sobre a selvageria das emoções era central à visão vitoriana do progresso humano e do mundo da época. A tipologia evolutiva vitoriana que vimos no capítulo anterior, de magia, religião e ciência, entendia que o reino da magia era animado por esperanças irracionais, e de fato emocionais, de intervir no funcionamento do mundo, esperanças estas inapropriadas se comparadas com os procedimentos da ciência.

A inteligência é difícil de definir; as definições são tantas quanto as pessoas empenhadas nessa tarefa. No entanto, muitas definições têm características centrais, seguindo um espectro que vai da retenção de informações visando à resolução de problemas a um pensamento inovador e criativo e ações não realizadas previamente. A maioria das definições diz respeito às atividades da mente e se dá muito menos atenção às habilidades e capacidades do corpo. A esta altura, você talvez não se surpreenda ao saber que enfatizarei as habilidades do corpo e os chamados elementos irracionais da vida, tais como as emoções, ao tentar mapear a história da inteligência humana.

Tive a sorte de escavar um dos sítios pré-históricos mais impressionantes da Bretanha – o White Horse Hill, em Uffington, no sul de Oxfordshire. O cavalo branco que dá nome à colina é uma figura de giz construída no declive da montanha em Uffington e, em parte, se distingue pela beleza de sua forma e de seus contornos.

Como monumento, o Cavalo Branco de Uffington é muito diferente da maioria dos demais. Os monumentos antigos geralmente sobrevivem porque são grandes, gigantescos, e resistem aos efeitos erosivos do tempo e do clima. Mas, sendo uma figura de giz, o Cavalo Branco requer cuidados e, a não ser que seja limpo regularmente, removendo-se a grama e o giz velho e colocando giz branco novo por cima, desaparecerá em meio à vegetação nessa parte bem irrigada do sul da Inglaterra. A datação da última vez em que os sedimentos na base do Cavalo foram expostos à luz

15. O Cavalo Branco de Uffington.

solar revelou o incrível fato de que este poderia ter 3 mil anos de idade. Como precisa ser limpo a cada década, isso ocorreu pelo menos trezentas vezes desde que foi construído, na última Idade do Bronze. Hoje, o sítio pertence ao National Trust, que dá cursos ao ar livre para aqueles que sofrem dos estresses da vida urbana, e é possível pagar para participar de atividades voltadas ao alívio do estresse, dentre as quais a limpeza do Cavalo. Até meados do século XIX, a limpeza era realizada pelo povoado de Uffington, quando fazia parte das festividades de maio, que também incluíam rolar queijos colina abaixo, corridas de cavalo e o perigoso jogo de *backswording*, cujo objetivo era tirar sangue da cabeça do adversário com uma arma de madeira. O romance *Tom Brown's School Days*, de Thomas Hughes, contém um vívido relato de um desses eventos, e seu livro *The Scouring of the White Horse* traz ainda mais detalhes. Tais eventos novecentistas atraíam muitos milhares de pessoas trazidas pelo novo sistema ferroviário. Os relatos históricos remontam ao século XVI, e só podemos conjecturar sobre como teriam sido as primeiras limpezas, que continuaram apesar da chegada dos romanos, anglo-saxões e normandos.

Em que sentido o Cavalo Branco é relevante para as discussões sobre inteligência humana? Para começar, criar o Cavalo Branco, ou limpá-lo a cada década durante três milênios, não se encaixa em nenhuma noção de inteligência associada com a resolução de problemas, mas sim em uma noção mais geral de zelar pela manutenção das relações sociais por meio da manipulação do mundo material. Limpar o Cavalo não era um ato mecânico, e o significado do monumento deve ter mudado com o passar das décadas e dos séculos: usar um símbolo para criar e manipular relações entre pessoas é tão difícil como criar novos símbolos. Quaisquer que tenham sido as motivações das pessoas na Idade do Bronze que construíram o Cavalo, podemos ter certeza de que cursos de alívio do estresse não estavam entre elas.

Considerações estéticas, entre as quais o impacto do mundo material sobre os sentidos, provavelmente foram cruciais. A brancura do giz exposto do Cavalo contra o gramado verde do planalto pode ter sido parte de um simbolismo mais amplo. Quando um forte veio a ser construído próximo ao Cavalo, no início da Idade do Ferro, os baluartes do forte talvez tenham sido recobertos com giz. Visíveis a longas distâncias, o forte e o Cavalo juntos provavelmente eram uma afirmação poderosa, reforçada por um fosso linear escavado no giz que se estendia por alguns quilômetros para o sul do forte, uma linha branca contra um fundo verde. A manipulação daquilo que concebemos como qualidades estéticas do mundo é vital para criar relações humanas que têm determinados valores associados, usando-se "valor" em seu sentido mais amplo. No caso do Cavalo, do forte e do fosso linear, não podemos ter certeza de quais eram esses valores, mas é provável que, para que a figura do Cavalo fosse valorizada, tenha sido crucial uma combinação de domínio sobre a paisagem e de poderes emanando da terra. Só nos resta especular como as cores e qualidades da paisagem se refletiam no vestuário, nas casas e nos artefatos, mas é provável que as pessoas de épocas posteriores da pré-história nesta parte da Bretanha tenham vivido em um rico mundo estético que abrangia cerâmica, trabalhos em metal e madeira e confecção têxtil, além de música, histórias e dança. A criação e a troca de tais elementos podem ter ajudado a atribuir valores às relações humanas em um nível doméstico local e mais distante também. De fato, no fim da pré-história, os materiais entraram na Bretanha na forma de âmbar proveniente do mar Báltico, coral do mar Vermelho ou do Mediterrâneo e metais de muitas partes da Europa Central e Ocidental. Os horizontes das pessoas eram amplos, e a posição de um indivíduo ou grupo dependia de sua capacidade de cultivar e manipular relações com outros em toda a Bretanha e Europa e de uma noção adequada de estilo para empregar os bronzes, o ouro e o âmbar nos tipos mais marcantes de performance social. A manipulação de cerâmica, metal ou têxteis para formar relações sociais valeu-se de formas de modelar o mundo que remontavam ao Neolítico e mesmo antes. As reuniões vitorianas em White Horse Hill situaram-se no fim de uma longa tradição de grandes eventos sociais públicos naquele lugar, com significados sempre em transformação, mas com um conjunto complexo de motivações para agradar os poderes do universo e realçar a imagem do grupo.

A inteligência humana, entendida como uma combinação criativa do humano e do material, remonta a um argumento fundamental que apresentei no Capítulo 3: somos a única espécie animal que constrói sua vida social modelando o mundo material. A limpeza do Cavalo é um ato que demanda pouco conhecimento técnico (até eu fiz isso!), mas requer uma profunda ponderação de suas consequências sociais ao longo do tempo. A inteligência humana existe em um espectro que vai de atos tecnicamente sofisticados a socialmente criativos e pode misturar o social e o material em diferentes combinações. O antropólogo Alfred Gell cunhou o termo "a tecnologia do encantamento" para assinalar os processos de criação, ou os artefatos resultantes de tais processos, que provocavam assombro e admiração. A capacidade do objeto de provocar emoções como o assombro reforçava o poder daquele que o criou, que era visto como alguém que tinha o conhecimento técnico e a posição cosmológica adequada para dar forma material a parte da maravilha do mundo. O Cavalo é um objeto encantador, causando-nos assombro e levando-nos a especular no presente da mesma maneira que no passado, e nesse sentido o poder dos criadores originais perdura, mesmo que suas intenções já não o façam.

Portanto, aqui eu discordo de Darwin: as pessoas do passado não eram selvagens no sentido de serem governadas por emoções descontroladas devido a uma carência da faculdade desenvolvida da razão. As emoções podem ser poderosas e, de vez em quando, tomar conta de nós; mas o pensamento também. O pensamento não é previsível, linear, nem controlado, da mesma forma que as emoções não são aleatórias, imprevisíveis e descontroladas. Podemos ser acometidos de súbito por um pensamento, ou podemos cultivar uma emoção. Mas, para muitos vitorianos, a história humana era a história do controle crescente da razão sobre as emoções, uma visão que hoje sobrevive de forma menos articulada. E se não pudermos separar nitidamente pensamento e emoção? Um estado de inspiração é uma experiência emocional e intelectual poderosa que deriva de um novo sentimento pelo mundo e novas possibilidades de traduzir o mundo em palavras e objetos. Durante a maior parte do tempo temos uma vida emocional extremamente estruturada e previsível; as emoções poderosas surgem em situações imprevistas ou são deliberadamente provocadas por meio de rituais. De fato, o ritual e o imprevisto estão relacionados, já que muitos rituais são concebidos para lidar com a irrupção da morte no mundo dos vivos, para transmitir a alegria do nascimento ou para marcar ritos de passagem.

As transformações são centrais a uma noção de inteligência que foca a manipulação conjunta dos mundos material e social. E as transformações são processos perigosos controlados com magia e ritual. As visões ocidentais de causa e efeito trataram de separar os processos físicos conhecidos através da biologia, da física e da química das relações sociais que compõem o mundo humano. A produção de trabalhos em metal requer uma compreensão da pirotecnologia, da química dos minérios e dos compostos e da combinação de materiais na sequência correta de ações necessárias para produzir bronze ou aço. Os ocidentais veem as pessoas envolvidas na produção como técnicos mais ou menos qualificados e experientes na compreensão de processos físicos, capazes de fazer a coisa certa na hora certa. Suas crenças religiosas ou seu grau de abstinência sexual não têm efeito algum sobre o resultado da produção. Para muitos ferreiros africanos, a produção de metais é parte de um processo mais amplo de produção e transformação, vinculado tanto à concepção e ao nascimento de bebês quanto a outras formas de produção material, como a queima de cerâmicas. Muitas culturas africanas associam a fertilidade humana, o cultivo e processamento de alimentos e a produção artesanal, inserindo-os em ciclos de transformação nos quais os mundos humano e espiritual colaboram para garantir o bem-estar. Os ocidentais tendem a fazer uma distinção entre tecnologia, derivada de uma compreensão empírica das causas e efeitos no mundo físico, e magia, que é basicamente abracadabra sem sentido, cuja única importância possível poderia ser psicológica, para convencer os ferreiros de que as coisas estão indo bem. Para muitos ferreiros africanos, a fundição é um processo similar a uma mulher dando à luz, e muitas fornalhas são embelezadas com símbolos femininos. Os ferreiros, todos homens, atuam como pais; as mulheres são rigorosamente excluídas do processo, e o sexo entre os ferreiros e as mulheres é proibido enquanto o ferro é trabalhado. Muitas vezes, acredita-se que o ato sexual produza calor, de modo que o sangue da mulher e o sêmen do homem sejam aquecidos para gerar o bebê. A aplicação do calor durante a cocção de alimentos também é vital para a vida humana. O calor gerado pelo trabalho com ferro é extremo e ameaçador. O ferro pode ser transformado em arma e usado de forma violenta, tornando-se uma substância perigosa; sendo assim, qualquer vestígio de discórdia entre os ferreiros levará seu trabalho ao fracasso, bem como uma gota de sangue derrubada na casa de fundição, mesmo que isso ocorra por um acidente inofensivo. Não se faz distinção alguma entre a expertise técnica e o conhecimento ritual, entre ciência e magia; os ferreiros devem dominar todos os aspectos de sua arte, independentemente de como são categorizados pelos ocidentais, tornando-se pessoas poderosas e influentes em outras áreas da vida ou então párias perigosos.

Conhecemos, com base nas etnografias dos séculos XIX e XX, parte das habilidades e dos conhecimentos dos ferreiros mais recentes e do simbolismo presente em suas oficinas e ferramentas. Podemos identificar parte desse mesmo simbolismo no passado pré-histórico, em que as palavras nos faltam e, de fato, o caráter onipresente das crenças associadas à produção de ferro na África subsaariana é um indicador de sua antiguidade. Algumas fornalhas de períodos pré-históricos no oeste e no sul da África têm seios e genitálias femininas e, em algumas regiões, decorações similares são encontradas em panelas e potes, que também são submetidos ao calor durante o processo de transformação. O que o pensamento moderno ocidental caracterizou como desenvolvimentos tecnológicos ou econômicos que marcavam o início da Idade do Ferro pode ter sido concebido de maneira diferente por aqueles que se dedicaram a trabalhos em ferro na África há pelo menos 1,5 mil anos, representando novas possibilidades de criar novos conjuntos de relações humanas e expandindo ideias associadas às transformações das quais o mundo era capaz. Não é uma questão de julgar se os conceitos ocidentais ou africanos de fabricação de metais são mais corretos e, assim, decidir entre ciência e magia; ambos têm sua eficácia. No entanto, eu diria que, em um aspecto, as concepções africanas são mais realistas. Se os seres humanos são a única espécie que cria relações sociais por meio da manipulação do mundo natural, então enfatizar a confecção conjunta de pessoas e de coisas faz justiça à natureza interligada dos processos físicos e da vida social humana, de modo que a produção de filhos e a produção de metal podem ter vínculos sutis. Usa-se a inteligência ao pensar sobre o modo como as relações físicas e sociais são transformadas juntas, o que implica compreender os processos físicos e sociais. A ciência ocidental enfatiza os processos físicos, mas perdeu a noção de magia no que diz respeito a como o mundo e as pessoas trabalham juntos. Entender a pré-história pode nos ajudar a recapturar parte dessa magia.

As transformações se manifestam em conexões, não só entre pessoas e coisas como também entre vários tipos de artefatos que são de natureza estética. Na Europa, os bronzes pré-históricos provavelmente receberam tratamentos para que suas superfícies ficassem brilhantes, a fim de evocar imagens de prata e ouro, efeitos difíceis de recriar e apreciar depois de 4 mil anos enterrados. Os metais, indo do bronze ao ouro, formavam um espectro de objetos preciosos, que foi ampliado quando as formas das vasilhas de bronze foram reproduzidas em cerâmica. Na China, encorajou-se o uso da cor verde na superfície dos objetos de bronze devido à importância da pedra jade, cujo uso remonta ao Neolítico e antes. Potes pintados datando do período de Samarra, confeccionados na Mesopotâmia por volta de 6,5 mil a.C., tinham decorações que imitavam o trançado de cestos, técnica que antecedeu a cerâmica; a calafetagem de cestos com argila pode ter ajudado a dar origem à confecção de cerâmica. No final do Neolítico da Escandinávia, lanças de sílex delicadamente talhadas imitavam as lanças de cobre que estiveram em voga mais ao sul, no norte da planície germana e na Europa Central.

No Pacífico Ocidental, da Papua Nova Guiné a Samoa, a cerâmica lapita encontrada a partir de 1,5 mil a.C. continha complexas decorações pontilhadas que possivelmente refletiam as tatuagens feitas em pele humana com objetos dentados. Uma pessoa tatuada carregando um pote ou vaso de cerâmica formava parte de um campo complexo de decoração, em parte de argila, em parte de pele. Em muitas regiões do mundo, pessoas e animais foram enterrados juntos e tratados de maneira similar, indicando que ser animal e ser humano pode ter apresentado coincidências significativas. Objetos, pessoas e animais podem ter engendrado conjuntos de relações que abarcavam mais de uma classe de artefato tal como o definiríamos, revelando uma ampla gama de associações metafóricas que demonstram o senso estético e as habilidades do ser humano. Mais uma vez, temos estéticas variadas, com suas próprias histórias continentais.

Os seres humanos aprendem a fazer uma série infinita de discriminações sobre o mundo: basta fechar os olhos e sentir sua vestimenta para registrar quantas texturas de tecido você é capaz de distinguir. O mesmo é válido para qualquer outro sentido. Quantas refeições você conhece pelo cheiro? Você é capaz de distinguir todos os membros da sua família pelo som de seus pés nas escadas? Quantos tons de azul você consegue ver? Essas discriminações eu chamaria de estéticas, ainda que de um tipo cotidiano. São valores que atribuímos ao mundo para que possamos viver

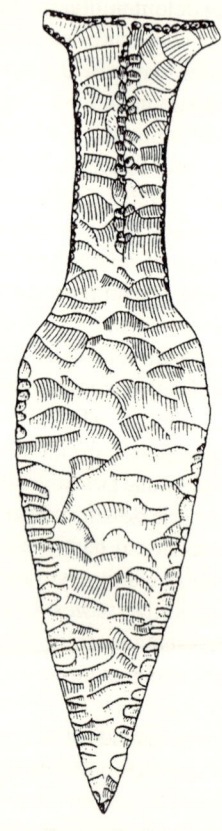

16. Lança de sílex escandinava do fim do Neolítico.

de determinada maneira dentro dele. Os valores precisam ser aprendidos por meio de uma educação dos sentidos. A recíproca dessas qualidades estéticas do mundo é a gama de reações humanas que elas evocam. Há emoções associadas a nossas percepções: um determinado conjunto de pés nas escadas pode nos encher de alívio ou de medo, o azul pode ter conotações de assombro ou de santidade, um cheiro pode provocar uma sensação de náusea. A palavra "sensação" captura de maneira útil algumas das relações entre nossas apreciações sensoriais do mundo e as emoções: a sensação física que algo provoca pode estar associada ao que sentimos com relação a determinado assunto. As sensações, enquanto sentimentos ou emoções, podem ser feridas ou amortecidas a ponto de não sentirmos nada. E, enquanto percepções sensoriais, podem ser indefinidas, exploratórias, intuitivas, como quando dizemos que "havia algo de errado" com uma determinada pessoa ou situação. As sensações são parte de nossa apreciação inteligente do mundo, embora sejam muito diferentes do pensamento racional, e nos proporcionam uma mistura do físico e do emocional que é de vital importância para que possamos navegar pelo mundo.

Ser inteligente não tem apenas a ver com operações mentais do cérebro humano. Abarca todos os sentidos – visão, tato, olfato, paladar e audição –, isoladamente ou combinados. Nossos sentidos precisam ser cultivados, sendo dirigidos de determinadas maneiras, para apreciar os vários tons de verde do bronze ou o peso de uma lança de cobre. A sinestesia é um estado em que os estímulos sensoriais se misturam. Para os que sofrem dessa condição, as formas podem ter gosto e os sons podem ter cor, criando um sensório entrecruzado que é ao mesmo tempo confuso e criativo. Algumas culturas têm uma abordagem multissensorial do mundo, repleta de pensamento analógico, e entre elas são notáveis as culturas da América Central. O cobre, o ouro e a prata eram os únicos metais conhecidos na América Central (México e os países imediatamente ao sul) na época pré--colombiana, e nenhum deles tinha um bom corte, de modo que outras substâncias eram procuradas. Um importante fornecedor de ferramentas de corte foi a obsidiana – o vidro vulcânico –, muitíssimo usada e negociada em outras partes do mundo, inclusive no Pacífico Ocidental (a partir de 20 mil anos atrás), no Oriente Médio (a partir de pelo menos 10 mil anos atrás) e no leste da África por muitos milhares de anos. A obsidiana é uma forma de vidro, tão cortante como qualquer outra, e usada ainda hoje em cirurgias oculares delicadas. Uma das grandes vantagens desse material para o estudioso da pré-história é que muitas fontes são quimicamente distintas, o que possibilita rastrear as origens das ferramentas obsidianas e reconstruir padrões de troca ao longo de extensos períodos. Grandes esforços foram feitos para obter a obsidiana na América Central para sítios arqueológicos datando dos últimos 3 mil anos e entender os diferentes métodos de trabalhar o material. A obsidiana é entendida sobretudo em termos econômicos (retornarei à economia mais adiante), mas outros elementos importantes devem ser levados em conta. Dois aspectos da obsidiana podem ser destacados. Primeiro, ela está associada a vulcões e, portanto, ao submundo, uma relação reforçada pelo fato de que a substância foi explorada do final da pré-história em diante. Com frequência, os templos eram situados próximos a vulcões, perto dos poderes destrutivos da terra, e os vínculos entre o sagrado, a criação e a destruição ajudam a explicar o poder da obsidiana para forjar relações sociais. Pelo menos a partir do fim da pré-história, facas de obsidiana eram instrumentos de morte e sacrifício, capazes de matar uma vítima e remover seu coração. Os astecas usavam espelhos de obsidiana como formas mágicas de adivinhação, como um meio de entrar em contato com os deuses, um uso que os antecede e também sobrevive durante o período colonial.

O poder obscuro da obsidiana provinha só em parte de seu gume fora do comum, sendo reforçado por vínculos com os poderes criativos e destrutivos do universo. Metaforicamente, também estava associado à jade, a propriedade dos governantes, capaz de trazer verde e fertilidade a uma área local, e à turquesa, conectada com os deuses e capaz de emitir fumaça, como nuvens contra um céu azul. Uma noção ocidental de economia trabalha com uma escala de valores criada pela utilidade, pela força de trabalho humano ou pela raridade. A obsidiana era útil, sobretudo se você quisesse oferecer um coração humano aos deuses, mas seu valor derivava mais de conjuntos de associações misteriosas do que da utilidade, dotando-a de qualidades poderosas capazes de influenciar as relações humanas a muitos quilômetros de distância de sua fonte. As coisas materiais não são apreciadas por um único sentido, mas por vários, levando-nos a reagir ao mundo de maneira sinestésica, conforme os estímulos sensoriais se misturam e se unificam. Podemos sentir o gume de uma obsidiana na pele, ver sua cor com os olhos, ouvir o som ressonante de uma lâmina, sentir seu peso na mão, tudo o que se combina na sensação que temos da substância e de seus potenciais.

Como a ciência, a noção de economia divide as pessoas e os objetos, ou então só permite que eles se encontrem de determinadas maneiras, associadas à satisfação das necessidades humanas. Uma ênfase nos desejos físicos talvez nos permita compreender a história humana posterior, à medida que necessidades humanas mais elementares vêm à tona, devido ao crescimento populacional e à escassez que algumas pessoas impõem sobre as demais. No entanto, nos primórdios, quando havia menos pessoas e as estruturas de poder eram menos empobrecedoras para os que se encontravam na base da pirâmide social, era relativamente fácil fornecer comida e abrigo e atender às necessidades caloríficas de todos. Floresceram outros valores além dos da necessidade e da utilidade, possibilitando vínculos complexos e intrincados entre objetos e objetos e entre objetos e pessoas. O escopo para uma análise puramente econômica diminui na pré-história, quando a significância de valores humanos mais amplos floresceu antes de ser submetida ao peso da necessidade bruta. Muitas das ferramentas de análise aperfeiçoadas por meio de estudos sobre o mundo moderno, como os métodos de economia, revelam-se instrumentos grosseiros quando aplicadas aos valores da pré-história.

Gênero e sexualidade

Os valores estéticos oriundos das qualidades sensoriais dos objetos influenciam o modo de as pessoas atuarem como seres sociais. Examinamos brevemente os valores associados aos objetos; agora, vamos passar aos valores associados aos corpos. Um importante elemento de todas as sociedades humanas é a distinção entre gêneros, mas afirmar que todas as pessoas fazem distinções de gênero não significa afirmar que todas as pessoas fazem as mesmas distinções. Um lugar-comum nas recentes análises de gênero é vê-lo como o uso cultural que as pessoas fazem das distinções biológicas de sexo. As diferenças físicas entre homens e mulheres, de genitália, tamanho do corpo e forma, são parte da matéria-prima para a criação de gêneros, mas não são tudo. Muitos grupos distinguem mais de dois gêneros (os *hijras* da Índia ou os Dois Espíritos dos índios norte-americanos são exemplos conhecidos de pessoas que não são homens nem mulheres), e para algumas pessoas o gênero não é fixo, mas deriva da situação em que os indivíduos se encontram. Por exemplo, na Papua Nova Guiné, o pênis pode dar à luz em determinadas circunstâncias, tornando-se um órgão temporariamente feminino, e não puramente masculino, e o sangue tirado do pênis nos ritos de iniciação é visto como análogo ao sangue menstrual, com suas conotações para os homens do poder da fertilidade e do perigo da profanação feminina.

Knapp e Meskell examinaram uma série de representações físicas da figura humana provenientes de Chipre no Calcolítico (Idade do Cobre) e na Idade do Bronze.

Segundo eles, essas estatuetas ajudam a explicar o que significa ser um indivíduo nesses períodos, observando a tendência de experimentar a si mesmo como uma entidade distinta, como essa noção de ego pode variar conforme a idade, a posição social, o sexo ou a etnia, e como isso resulta na experiência cultural de ser um homem ou uma mulher em um determinado lugar ou momento. Outros pesquisadores classificaram as estatuetas humanas como masculinas ou femininas, embora algumas tenham ao mesmo tempo um pênis e uma vulva. Eles também questionam a distinção que foi feita entre os pingentes de pedra do Calcolítico e as figuras em pranchas da Idade do Bronze, feitas principalmente de argila. Inevitavelmente, algumas pessoas viram essas figuras como deusas mães, mas Knapp e Meskell

17. Figura de duas cabeças em prancha de cerâmica polida vermelha (de Denia, Chipre), mostrando joias e marcas faciais individuais.

entendem que muitas delas tentam harmonizar as características sexuais de homens e mulheres em vez de enfatizar diferenças. Durante a Idade do Bronze, há uma ênfase cada vez maior em figuras com joias e adornos individuais, bem como decorações faciais que podem ser interpretadas como máscaras, tatuagens ou pinturas. Houve um número maior de enterros individuais na Idade do Bronze em comparação com os enterros coletivos de períodos anteriores. A definição de indivíduo ganha contornos mais nítidos em um contexto em que aumenta o número e o tamanho de assentamentos, as tecnologias dos trabalhos manuais são aprimoradas e se intensifica a produção agrícola, associada à formação de elites. Knapp e Meskell enfatizam que a individualidade não deve ser entendida nos mesmos termos que o individualismo moderno, e em vez de ver as pessoas como agrupadas em divisões fixas de gênero, idade e posição social devemos entender esta como uma época de fluidez social, em que o gênero e outros elementos de identidade existiam em um espectro do qual as pessoas podiam escolher desenvolver vários aspectos de sua personalidade, possivelmente reavaliando e mudando sua escolha em vários momentos da vida. A marca do mundo material sobre o corpo humano, por meio de joias, vestimentas, cosméticos ou tatuagens, é vital para a criação de categorias socialmente notáveis, em que o poder deriva de ser flexível e estratégico, e não fixo e rígido.

O gênero é algo a ser criado e desempenhado, em vez de herdado como um acidente da biologia e uma dimensão imutável da biografia. A criação da identidade de gênero pode ser uma atividade complexa e precisa de uma série de apoios materiais. As chamadas estatuetas de Vênus, do Paleolítico Superior europeu, estão presentes da Ucrânia à França atuais. Essas estatuetas bem modeladas em pedra ou argila eram vistas como deusas mães, conectadas com a fertilidade das pessoas e com a paisagem cultural de modo geral. Mais recentemente, afirmou-se que as estatuetas representam o ciclo de vida completo de uma mulher reprodutiva, incluindo as etapas pré e pós-menstruais, e que elas talvez tenham sido usadas somente por mulheres como formas de educação e iniciação, a fim de instruir as meninas sobre o corpo feminino. As estatuetas podem ter sido feitas e usadas por mulheres em segredo, o que implica que havia certa separação entre homens e mulheres. Outra possibilidade, como acontece em muitas partes do mundo contemporâneo, é que elas tenham sido usadas na iniciação de garotos, em que as metáforas da fertilidade feminina e da gravidez são importantes como educação sobre a reprodução social de maneira

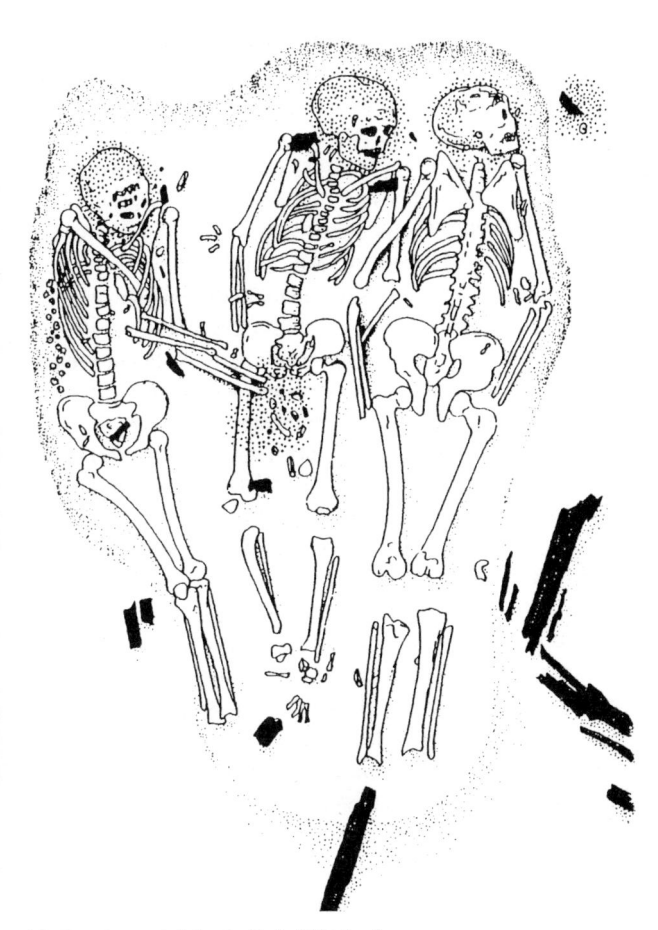

18. O enterro triplo de Dolní Vestonice.

geral. Nesse caso, a masculinidade pode ter sido construída por referência ao corpo das mulheres, implicando uma noção mais complementar de gênero e, possivelmente, de sexualidade do que aquela evocada pela imagem de ritos femininos secretos. Qualquer que fosse o caso quanto às relações de gênero do Paleolítico Superior (e é claro que é difícil saber ao certo), parece que os papéis e as relações eram desempenhados por meio de formas materiais, tais como estatuetas, e não identificados diretamente na biologia do corpo.

Uma das estatuetas de Vênus provém do sítio arqueológico Dolní Vestonice, na atual República Tcheca. Este enorme sítio ao ar livre, datando do ápice da última Era do Gelo, contém vestígios de muitos enterros e estruturas de habitações. O enterro que nos interessa aqui é o de três corpos lado a lado em uma vala rasa.

Os dois corpos situados nas extremidades parecem anatomicamente masculinos, e o do meio é de sexo indeterminado, mas pode ter sido feminino. Eles estavam deitados de barriga para cima e havia galhos queimados colocados sobre seus corpos. Sobrevivem pedaços de roupas e restos de decoração corporal, tais como conchas marinhas perfuradas e dentes de lobo e raposa-do-ártico. Os corpos foram deliberadamente salpicados com ocre vermelho, sobretudo ao redor das cabeças. A figura central tinha um bloco de ocre entre as coxas e a da esquerda tinha a mão estendida sobre a região púbica da pessoa central. Ele tinha uma estaca sobre a região pélvica apontando para o cóccix e, embora pareça estar olhando para a pessoa no centro, esta está virada para o outro lado, dirigindo o olhar para a pessoa à sua esquerda. A análise antropológica física revelou que a figura do meio tinha um problema congênito no quadril, *coxa vara*, o que lhe teria tornado um pouco manca. É tentador ver essa pessoa como central em todos os sentidos, alguém cujas características físicas ajudavam a distingui-la dos demais, e a ambiguidade e a diferença dotariam de poder suas afirmações e ações. Nunca saberemos qual foi exatamente o simbolismo contido no enterro. Pode ter sido celebração, punição por transgressões sexuais (um favorito nas interpretações populares – alguma espécie de triângulo amoroso do tipo que os tabloides constantemente procuram expor) ou morte prematura. As regiões púbicas das duas figuras de fato parecem ter sido realçadas, levando-nos a pensar em sexo, e a presença de tanto ocre vermelho talvez estivesse associada a sangue, menstrual ou não. Como Nancy Banks-Smith, correspondente do canal de TV *Guardian*, sabiamente observou ao analisar um programa feito em parte sobre esse enterro: "Eles foram enterrados em código, e nós perdemos a senha".

O enterro de Dolní Vestonice combina insinuações de sexo e ambiguidade de gênero, enfatizando que essas duas dimensões da vida são vitais para os valores atribuídos às ações humanas em muitas épocas e lugares. O sexo e o gênero são pontos em que a natureza física de nossos corpos e seus impactos sociais se encontram, misturando o que tendemos a separar como a biologia do corpo, por um lado, e o reino da ação cultural, por outro. A natureza e a cultura são demasiado complicadas para serem separadas dessa maneira; nenhuma das duas determina a outra. Os enterros em Dolní Vestonice indicam um importante conjunto de experiências para os indivíduos envolvidos e a comunidade como um todo, e não sabemos que tipo de performance social levou ao enterro triplo, mas o fato de que os corpos parecem ter sido enterrados após *rigor mortis* fez com que desaparecessem os indícios de que o processo não foi rápido. O aspecto puramente físico da experiência foi vital para seu impacto: a incipiente deterioração dos corpos em seu melhor traje funerário, encenando em silêncio papéis mímicos importantes para os que continuavam vivos; o ocre salpicado, que pode ter se misturado com sangue de verdade; a estaca de madeira apontada para um corpo e o repentino estrondo das chamas no fim do enterro teriam ajudado a exaltar as emoções já tensas de irmãs, irmãos ou pais do trio, e só nos resta imaginar o que podem ter sido essas emoções: alegria, medo, repugnância, alívio, ou todas estas juntas, experimentadas por vários membros da comunidade. Nossos corpos são lugares de prazer, felicidade, dor e tristeza. Mas os corpos não são palcos de sensações puramente particulares. Eles estão associados aos corpos de outros, mais intimamente por meio do sexo ou do cuidado físico, e indiretamente por meio da educação dos sentidos e das emoções. A experiência sensorial é usada socialmente, em ritos de iniciação que muitas vezes envolvem dor ou formas de performance como a dança. O sexo e o gênero são aspectos da existência e das ações do corpo vitais a nossas identidades. É difícil para os estudiosos da pré-história decifrar os códigos passados dessas identidades, mas essas questões são tão cruciais que vale a pena um grande esforço.

Explorações

Uma abordagem inteligente do mundo é em parte demonstrada pela descoberta ou criação de novidades. As explorações e o povoamento de novas partes do mundo ampliaram o conhecimento físico e social das pessoas, criando nesse processo novas habilidades. Conforme vimos, os humanos modernos colonizaram toda a superfície da Terra nos últimos 40 mil anos, com exceção de parte da Antártida. A última grande porção de terra do mundo a ser colonizada não foi um continente, e sim o oceano Pacífico. A propagação da vida humana pelo Pacífico criou novas formas de estar no mundo, com seus próprios conjuntos de habilidades físicas e sensibilidades para com os mundos físico e humano. Os europeus consideram que a capacidade de velejar e navegar no mar decorre de uma série de invenções e inovações tecnológicas, sendo o resultado concreto da inteligência voltada para a resolução de problemas – a capacidade de conhecer a latitude em que estamos é uma história de relógios, observações astronômicas e mapas. Como foi que o maior de todos os oceanos, o Pacífico, foi atravessado, começando cerca de 3,5 mil anos atrás e culminando no povoamento do Havaí, da ilha de Páscoa e da Nova Zelândia, há menos de um milênio? As habilidades e capacidades necessárias têm uma longa pré-história.

Em 1985, eu estava escavando um sítio chamado Matenkupkum, uma caverna grande e seca na costa leste da Nova Irlanda, uma das maiores ilhas do arquipélago da Papua Nova Guiné. A caverna fica a metros de onde o oceano Pacífico irrompe no recife de corais, e enquanto escavava pude olhar para fora da caverna ciente de que, logo à minha frente, mas antes do horizonte, estavam milhares de quilômetros de mar aberto. As próximas paradas são as minúsculas ilhas de Kiribati (antes, ilhas Gilbert e Ellice), fáceis de perder, e então nada além de mar até a costa ocidental da América do Norte. Matenkupkum é uma caverna grande e aberta no calcário de corais em um barranco sobre onde hoje fica a praia. Seu nome significa "a caverna dos andorinhões", devido aos pássaros que constroem ninhos em fissuras no teto da caverna, um ponto em suas viagens de longa distância pelo mundo. Matenkupkum tinha um pilar de estalactite no centro que, segundo se dizia, continha o espírito de uma mulher que podia ser avistado no recife em noites de lua cheia, mas era um espírito benigno e a caverna não era vista pelos locais como um lugar de perigo. O que eu me perguntava enquanto escavava era como as descobertas da caverna se encaixavam na história da colonização humana do Pacífico e como, originalmente, as pessoas haviam atravessado aquelas enormes extensões de oceano.

A caverna continha achados intrigantes. Alguns provinham de uma história muito diferente daquela da colonização do Pacífico. Em frente à caverna, uma trincheira havia sido escavada por soldados japoneses na Segunda Guerra Mundial, quando Matenkupkum integrou uma série de postos armados pela costa para proteger a linha telefônica que corria de um centro de operações a outro. Este foi um tipo lancinante de arqueologia, já que removemos da trincheira frigideiras, botas, balas e garrafas de saquê. Um homem local cantou para mim uma canção em japonês que lhe haviam ensinado na época e que, segundo me explicou, falava da morte da América. Ele pareceu constrangido, sem saber como eu reagiria. Eu não sabia ao certo o que sentia. Foi um momento ambíguo para ambos.

O resto de nossos achados era bem diferente. Nas camadas superiores de terra da caverna, grandes placas de calcário de corais haviam sido assentadas como base para uma lareira, como se faz hoje em dia. As pessoas locais que me ajudavam na escavação especulavam entusiasmadas sobre quem de seus ancestrais teria sido responsável por essa lareira e por

19. O oceano Pacífico.

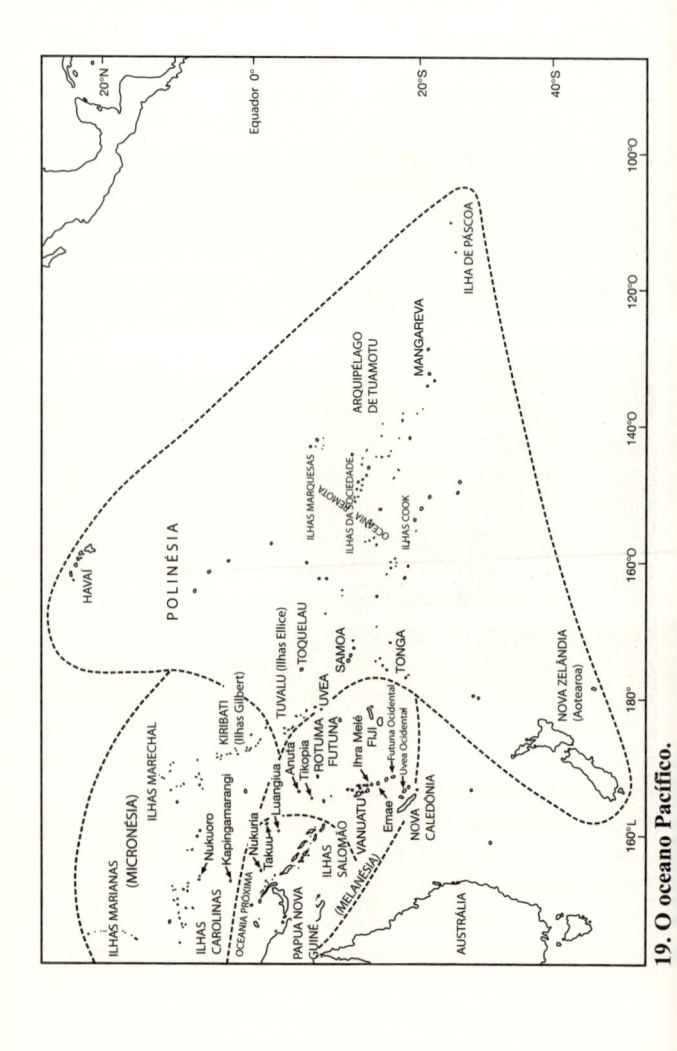

20. Caverna de Matenkupkum, Nova Irlanda, Papua Nova Guiné, durante escavação.

que elas não tinham histórias sobre isso. Junto com a lareira havia um grande número de ossos de wallabees, cuscus (um marsupial arborícola), ratos de um tamanho comestível, milhares de conchas do recife de corais, ossos de peixes que habitam corais e mares profundos e uma série de ferramentas de pedra um tanto rudimentares, incluindo pequenas lascas de obsidiana. Grande parte do depósito que escavamos era cinza da lareira. Aqui, havia indícios de acampamento, com restos de caça de animais das savanas e florestas tropicais que ficavam atrás da caverna, mas sobretudo de moluscos e peixes provenientes dos recifes. A obsidiana – estávamos convencidos disso mesmo durante a escavação – vinha dos vulcões da adjacente Nova Bretanha, a cerca de 350 quilômetros. Este era um indício de que existiram conexões com lugares mais distantes, em meio a uma massa de material visivelmente local. Cerca de um metro abaixo das camadas da lareira havia um depósito de um tipo diferente. Ferramentas de pedra locais permaneciam ali, assim como peixes e moluscos, mas os únicos vestígios de animais terrestres eram os ossos de cobras e lagartos, e não havia obsidiana alguma. O material era muito menos abundante, sem qualquer indício de lareiras ou de combustão.

Na hora do almoço, enquanto comia peixe e biscoitos, eu costumava sentar e olhar para o oceano e percorrer os achados em minha mente. Não havia nada de cerâmica na caverna, o que indicava que esta fora usada antes da introdução da cerâmica nesta parte da Nova Guiné, um pouco mais de 3 mil anos atrás, ou então que nenhum utensílio de cerâmica havia ido parar na caverna (o que parecia improvável). Não sabíamos quando as obsidianas ou as lareiras haviam sido usadas pela primeira vez, mas alguns milhares de anos parecia uma estimativa razoável. As camadas mais profundas aparentemente resultavam de uma forma de ocupação bem diferente, mas as conchas no fundo ainda mantinham sua cor natural, o que parecia contradizer outras indicações de que esses depósitos inferiores pudessem ser antigos. Os estudiosos da pré-história estão preocupados com a idade das coisas e, trabalhando em território arqueológico desconhecido, a idade dos achados de Matenkupkum era meu meio inicial de compará-los aos achados de outros sítios arqueológicos conhecidos e, desse modo, compreendê-los. Como eu viria a descobrir, não havia achados diretamente comparáveis para me auxiliar em minha compreensão.

Passemos a uma cena um ano mais tarde, em uma conferência no Museu Australiano, em Sydney, na qual os resultados da expedição como um todo estavam sendo apresentados. As escavações em Matenkupkum foram parte de um projeto mais amplo, em que catorze equipes diferentes escavaram as ilhas do arquipélago da Papua Nova Guiné, organizado por Jim Allen e por mim. É a coisa mais difícil que já fiz. A conferência de Sydney foi o ápice de muito trabalho; o entusiasmo era grande. Naquela manhã, ouvimos sobre o primeiro objeto de bronze encontrado na Nova Guiné, importado do sudeste da Ásia; um conjunto maravilhoso de sítios arqueológicos do período lapita, há cerca de 3,3 mil anos, onde as condições alagadas haviam preservado as ruínas das casas construídas sobre as águas rasas do recife de corais, além de restos de plantas, ferramentas feitas de concha e obsidianas, misturados a espetaculares cerâmicas lapita com os mais intrincados desenhos pontilhados. Um arqueólogo experiente, não dado a exageros, disse que sentiu um arrepio na nuca quando viu as reconstruções de algumas das cerâmicas, tamanha era a força com que evocavam habilidades e sensibilidades passadas. Também escutamos sobre outras três cavernas na Nova Irlanda, duas das quais tinham depósitos que datavam de 15 mil anos atrás e outra cuja datação era difícil. A quarta caverna era Matenkupkum. Uma estudante apresentou os resultados da escavação, sobre os quais ela estava trabalhando para sua tese. Sei que ela estava nervosa, já que era o primeiro trabalho que ela apresentava para uma grande conferência, e o público era ilustre e possivelmente crítico, e os resultados, controversos; mas ela se saiu bem. Fiquei em dúvida se deveria fazer eu mesmo a apresentação, mas Nola fizera um trabalho tão bom que seria uma pena negar a ela a chance de apresentá-lo; por outro lado, não queria expô-la a uma audiência cética.

O que poderia dar margem a ceticismo eram as datas de Matenkupkum, que mostravam camadas basais com 35 mil anos de idade. As pessoas devem ter velejado até a Nova Irlanda, que sempre foi uma ilha, mesmo nos períodos em que o nível do mar esteve mais baixo, o que faz com que estes sejam talvez os mais antigos indícios de colonização insular no mundo. As ilhas do Mediterrâneo e do Caribe, os dois outros grandes conjuntos de ilhas, só foram ocupadas de maneira permanente por volta de 6 mil a.C., embora visitadas antes disso. De modo similar, os ossos de peixes e as conchas eram indícios de algumas das mais antigas pescas marinhas e coletas de moluscos no mundo. Não que a idade fosse tudo, mas aqui havia indícios de um conjunto de tradições marítimas atipicamente precoces, o que fornecia um contexto remoto à colonização do mar aberto, em larga escala, mas recente. A singularidade dos indícios da ilha do Pacífico logo foi reforçada quando descobrimos que a extremidade setentrional das ilhas Salomão havia sido ocupada há quase 30 mil anos, o que implicava uma jornada para além do horizonte, superando uma barreira psicológica considerável.

As habilidades de travessia e navegação são só uma parte do que foi necessário para que a colonização insular tivesse êxito. As camadas basais em Matenkupkum mostram há quanto tempo estas se desenvolveram. As camadas superiores do sítio, datando entre 21 mil e 10 mil anos atrás, continham uma parte diferente da história. As ilhas geralmente têm menos plantas e animais do que as massas de terra maiores, e as fontes de alimento podem ser escassas; por isso, chegar às ilhas pode ser difícil, mas sobreviver depois de haver chegado pode ser mais difícil ainda. É notável que tanto as ilhas do Mediterrâneo quanto as do Caribe só foram povoadas de modo permanente após o desenvolvimento de formas intensivas de uso da terra associadas com a agricultura e a domesticação de animais, o que teria possibilitado que as pessoas extraíssem grande quantidade de alimento de um pedaço de terra relativamente pequeno. Os primeiros habitantes de Matenkupkum certamente não foram agricultores, e os ossos dessas camadas inferiores indicam um pequeno número de lagartos, cobras e pássaros como os únicos alimentos terrestres. As pessoas parecem ter superado essas limitações movendo-se entre recursos escassos, vivendo um estilo de vida nômade no qual o mar foi vital como fonte de alimento e de locomoção. A partir de 21 mil anos atrás, as coisas mudaram, e começamos a encontrar ossos do cuscus cinza, um marsupial arborícola, e vestígios de obsidiana da vizinha Nova Bretanha. Sabemos que a obsidiana era importada, já que não existem fontes desse material na Nova Irlanda, mas parece que o cuscus cinza também foi uma importação, ao qual logo se somaria uma nova espécie de wallabee, ambos originários da Nova Guiné.

Tais importações representam uma nova estratégia. Em vez de as pessoas irem até os recursos, os recursos agora eram levados até as pessoas. Acredita-se que esses grupos foram caçadores-coletores, mas sem dúvida não sofreram passivamente as limitações de seu meio, superando-as de forma ativa, transportando animais selvagens (e possivelmente plantas) junto com materiais importantes, como a obsidiana. Os estudiosos da pré-história do Pacífico falam de paisagens transportadas com relação às ilhas menores do Pacífico remoto, todas povoadas nos últimos 3,5 mil anos. Quando velejavam para Tonga, Taiti ou ilha de Páscoa, os colonizadores carregavam suas canoas com mudas de tubérculos como inhame comum e inhame-coco, pés de fruta-pão e de bananas, além de porcos, cachorros e galinhas. Nos primeiros séculos após a chegada em terra, observa-se uma considerável substituição de plantas naturais, a extinção de aves nativas (a moa, da Nova Zelândia, é o caso mais conhecido) e sua substituição por plantas e animais introduzidos, muitas vezes plantados e usados de formas que mimetizavam a flora e a fauna autóctones, o que confere certa proteção a esses frágeis ecossistemas. O que os europeus acreditavam serem paraísos naturais, em lugares como o Taiti ou Samoa, eram, na verdade, algumas das paisagens mais cuidadosamente manipuladas do planeta.

As origens dessas paisagens transportadas remontam aos vestígios de Matenkupkum, de cerca de 21 mil anos atrás, e os indícios de navegação marítima e pesca datam de 35 mil anos atrás. A capacidade de se mover livremente pelo mar e de lidar com recursos relativamente restritos nas ilhas formou a base da vida insular não encontrada em nenhuma outra parte no mundo, mostrando que havia tradições bem diferentes da vida desenvolvida em outras partes do globo.

A pré-história terminou no Havaí em 17 de janeiro de 1779. Nesse dia, o capitão James Cook aportou na baía de Kealakekua e foi recebido com muito entusiasmo; aproximadamente 10 mil pessoas estavam lá para cumprimentá-lo. Ele e sua tripulação haviam se dedicado a uma busca infrutífera pela costa oeste canadense a fim de encontrar a passagem do noroeste, que, segundo se pensava, fornecia uma rota rápida entre o Pacífico e o Atlântico, uma esperança que hoje sabemos equivocada. Quando o inverno chegou a essas regiões setentrionais, Cook viajou rumo ao sul para refugiar-se do frio no Taiti, um lugar que ele conhecia bem de suas últimas viagens. Inesperadamente, a caminho do sul, eles encontraram o Havaí, sendo os primeiros europeus a fazê-lo, quase mil anos depois dos polinésios, primeiros colonizadores dessas ilhas. Tendo mapeado parte da grande ilha do Havaí e participado de alguns encontros surpreendentes com os locais, Cook deixou a baía de Kealakekua para retomar a jornada para o Taiti em 4 de fevereiro de 1779, dizendo aos havaianos que voltaria no ano seguinte. Tudo teria saído bem se o mastro da proa do *Resolution* não tivesse caído alguns dias depois de eles deixarem o Havaí. Voltando à baía de Kealakekua para substituir o mastro, Cook e sua tripulação tiveram uma recepção totalmente diferente. Roubos e confrontos eclodiram, culminando na tomada de uma embarcação na noite de 13 de fevereiro. Na manhã seguinte, Cook e um bando de marinheiros desceram à costa para levar Kalaniopu'u, o chefe supremo, como refém em troca da devolução do barco. Ao voltar à costa com o chefe, Cook e seus homens foram cercados por guerreiros furiosos. Cook atirou em um homem que estava prestes a atacá-lo, mas o tiro não conseguiu penetrar na capa protetora do guerreiro. Vendo isso, os guerreiros havaianos avançaram, matando Cook e quatro marinheiros, provavelmente usando lanças de ferro feitas em Birmingham e usadas por sua tripulação no escambo com nobres havaianos. Seus homens nos navios assistiram perplexos enquanto o grande explorador morreu e seu corpo foi carregado em triunfo.

Para entender a morte de Cook, precisamos considerar o ponto de vista havaiano. Quando Cook e sua tripulação chegaram, os havaianos estavam no meio de um festival anual, de quatro meses de duração, durante o qual aconteciam procissões em sentido horário em cada uma das ilhas havaianas, com o deus Lono na cabeça. Lono era o deus dos sacerdotes e das pessoas, e o Makahiki representava um período durante o qual a ordem social normal era subvertida. Durante essa época, os chefes iam para esconderijos, e seu deus Ku ia com eles. No fim de cada Makahiki, havia um confronto ritual entre Lono e Ku, por meio do qual Lono era expulso, para não retornar por outros oito meses até o início do próximo Makahiki. Esse confronto restaurava o governo dos chefes. O ano social estava intimamente associado com a rotina agrícola. Com Ku restaurado, o plantio começava, usando as chuvas de fevereiro, e uma de tais tempestades causou estragos ao mastro do *Revolution*. A colheita aconteceu no início do festival Makahiki. O calendário também era parte essencial das paisagens transportadas que os havaianos trouxeram consigo pelo Pacífico, especificando como as plantas e os animais deveriam ser usados, junto com as implicações humanas e cosmológicas de cada parte do ano. Esse calendário ritual fornece o contexto para a morte de Cook.

O antropólogo Marshall Sahlins afirmou que os havaianos, tentando entender o primeiro encontro com os europeus, presumiram que Cook fosse Lono, o deus do povo. Cook chegou durante o Makahiki e, ao mapear o Havaí, seus navios seguiram o progresso no sentido horário, tal qual a procissão de Lono, em torno da ilha. Cook aportou em 17 de janeiro, exatamente no fim da procissão, e sujeitou-se a uma série de rituais em que estava vestido como Lono, e então, sem saber, submeteu-se a um confronto ritual com Kalaniopu'u. Sua partida para o Taiti foi um pouco tardia para os havaianos, mas sua promessa de retornar no ano seguinte foi reconfortante, já que confirmava o papel de Cook/Lono no ciclo ritual. O grande problema foi seu retorno extraordinário alguns dias mais tarde, que para os europeus foi causado por circunstâncias práticas imprevistas e indesejadas, mas para os havaianos era como se Lono estivesse desafiando o poder dos chefes e, com isso, o todo cosmológico e a ordem social, um desafio que se confirmou quando Cook levou Kalaniopu'u como refém. Para usar a piada de Sahlins – esta foi a vez em que Deus foi de fato um inglês.

A morte de Cook resultou do encontro de duas lógicas sociais, cada uma com sua coerência interna, mas baseadas em premissas diferentes. A lógica havaiana era parte de sua antiga herança do Pacífico, trazida às ilhas pelos primeiros colonizadores e compartilhada com todos os outros grupos polinésios, mas manifestada de maneira especial no Havaí. A pré-história do Havaí trata da criação de uma paisagem sagrada, em que templos, sítios habitacionais, sistemas de plantação e lagos de peixes se desenvolveram ao longo de um milênio e alcançaram expressão moderna nos quatro séculos antes da chegada de Cook. O sistema ritual regulava não só a paisagem como também as relações humanas. Wakea (o pai-céu) e Papa (a mãe-terra) são pais das ilhas do Havaí e dos humanos, estabelecendo a base para o sistema de tabu, em que as mulheres eram vistas como impuras em contraste com a santidade dos homens. Os dois gêneros não deviam comer juntos, e as mulheres eram proibidas de comer certos alimentos, tais como porco, coco e banana, que têm conotações simbólicas masculinas. Uma outra separação de status também percorreu a paisagem, garantindo que o povo (*maka'ainana*) e seus chefes (*ali'i*) mantivessem uma distância adequada entre si. A base dessa distância era cosmológica: os chefes estavam mais próximos dos deuses do que os integrantes do povo e eram mais capazes de influenciar os poderes divinos. A história havaiana foi construída de modo a associar filosofia e ação em preceitos gerais usados como guias para viver bem.

Em muitos aspectos, as suspeitas havaianas de que Cook tivesse vindo para subverter a ordem aceita mostraram-se bem fundamentadas. Em 1812, o sistema de tabu foi abandonado e adotou-se o cristianismo, que simultaneamente reordenou as relações entre os homens e as mulheres, os chefes e o povo e todos os seres humanos e os poderes cosmológicos. Hoje, a identidade dos nativos havaianos é uma mistura complexa de heranças polinésias, que basicamente remontam às ilhas do arquipélago da Nova Guiné há 35 mil anos, à sua história a partir de 1779 e à vida contemporânea em um Estado multicultural dos Estados Unidos, onde a terra que eles acreditam ser deles pertence e é usada por pessoas de ascendência europeia, japonesa e chinesa. O passado é usado a serviço da política do presente, enfatizando-se a herança polinésia, mas também compartilhando da causa das organizações de índios norte-americanos no continente, que também estão tentando superar o genocídio e a desapropriação.

As identidades colonial e pós-colonial resultam de um choque de mitologias. Cook é visto como o grande explorador e prenunciador do capitalismo (o agente global de Adam Smith, conforme ele foi descrito), usando e desenvolvendo novas formas de navegação para viajar e mapear uma porção considerável da superfície da Terra e ao mesmo tempo coletar informações sobre os povos do Pacífico. Tal controle racional sobre o mundo, expresso em gráficos e mapas, ia de encontro às concepções cíclicas dos polinésios, em que as diferenças entre o sagrado e o profano são diluídas, de modo que uma pessoa poderia ser um deus. Os europeus celebraram uma capacidade recém-descoberta de navegar grandes extensões de oceano, sem se perguntar se os chamados povos primitivos que encontraram tinham capacidade de fazer o mesmo por meio de um conhecimento intuitivo sobre o vento e as ondas, da observação atenta das estrelas e do conhecimento de longa data dos caminhos marítimos do Pacífico, transmitido por meio de histórias, canções e viagens reais.

Nossas identidades não são fixas, mas exploratórias. Em diferentes continentes, as pessoas experimentaram formas de transformar o mundo para transformar a si mesmas. Como com o ano havaiano ou com o trabalho em ferro dos africanos, os ciclos de transformação são bem conhecidos e compreendidos. Outros acontecimentos são inesperados, colocando em risco o costumeiro bom senso. A chegada de Cook para os havaianos foi um acontecimento extremo, mas é preciso lidar com a guerra, a morte repentina e os desastres naturais. As explorações do mundo são ao mesmo tempo explorações do corpo humano e da existência humana, mapeando a gama de experiências sensoriais possíveis no mundo e os valores que podem ser associados a tais experiências. Escrever a pré-história é uma recapitulação de experiências passadas, reexplorando as possibilidades criativas de corpos e materiais e suas lógicas culturais variadas.

Todas as nossas identidades e histórias são em parte baseadas em mitos, apoiando-se em princípios não analisados e pressupostos tomados como verdades absolutas. Quanto mais recuamos no tempo, mais nossos mitos florescem, não controlados pelo conhecimento direto. A máxima de Sócrates de que a vida não questionada não vale a pena ser vivida está no cerne do tão crítico pensamento ocidental, encorajando o poder do *logos* sobre o *mythos*. Os vitorianos celebraram sua própria lógica, mas amavam o mito dos outros povos. Nesse aspectos, somos seus herdeiros. Tais atitudes atuaram para conter um rico reservatório de mito em nossa cultura, fazendo deste um objeto de estudo em vez de uma crença. A pré-história é uma área pouco comum em que o mito ganha vida, e isso explica em grande parte seu encanto. Isso não quer dizer que estamos inventando a pré-história, ou que deveríamos fazê-lo. Em essência, o passado nos interessa em função do presente; não significa nada em si mesmo. Para conferir ao passado máximo poder no presente devemos celebrar e ressaltar suas propriedades mitológicas, mas garantir que os mitos com os quais estamos trabalhando sejam saudáveis para nossa vida. O exame empírico cuidadoso do passado não está em conflito com nosso uso da pré-história para entender as relações atuais entre homens, mulheres e crianças, entre os de culturas diferentes e entre aqueles com uma profunda crença no divino e aqueles que perderam tais crenças. Para que Cook entendesse as motivações dos havaianos no dia de sua morte, teria sido necessário um esforço heroico de compreensão empática, e o mesmo é válido para Kalaniopu'u. Mas um esforço exitoso da parte de todos em entender a lógica social estrangeira teria mudado a história que se seguiu ao 14 de fevereiro de 1779 e poderia ter transformado um choque de culturas em algo que se aproximasse da compreensão empática. Estas são sem dúvida esperanças utópicas, mas mais necessárias agora do que em qualquer momento no passado recente.

Enigmas da pré-história 3

Um elemento vital, mas controverso da vida em muitas regiões do mundo, embora talvez sobretudo na Bretanha, é o de classe. Muitos tendem a ver as divisões de classe como uma questão fundamental na maioria das sociedades ocidentais. Embora a classe seja um termo frequente nas conversas do dia a dia, é dificílimo defini-la. A renda é uma medida um tanto confusa, já que há muitos pontos de intersecção entre a classe trabalhadora, a classe média e a classe aristocrática. Classe se refere, em parte, a atitudes, mas estas são muito difíceis de identificar e definir. Uma estudante trabalhando com equipamentos de cozinha em Sheffield, no norte da Inglaterra, nos anos 1970, acreditava ter encontrado uma marca inequívoca de classe, que a maioria das cozinhas de classe média continha, mas que estava ausente de todos os lares de classe trabalhadora: o espremedor de alho. Um objeto simples, mas significativo, parecia cristalizar toda uma gama de atributos sociais, culturais e econômicos, concentrando-os em um único ponto. Se o mesmo seria verdadeiro caso a pesquisa fosse repetida trinta anos mais tarde é algo que não sabemos ao certo – os gostos mudaram, e as viagens mais frequentes e a exposição a outras culinárias alteraram o que as pessoas comem. Sheffield tem uma grande população sul-asiática, mas poucos migrantes do Mediterrâneo. Em Melbourne (supostamente a terceira maior cidade grega no mundo) ou em Nova York, o espremedor de alho estaria distribuído de maneira mais uniforme pela cidade, e seria preciso buscar outras marcas de classe.

Cada um de nós possui um conjunto de bens materiais e imateriais (como casa, móveis, livros, músicas, formas de socialização) que servem para diagnosticar as diferenças de classe na região em que vivemos. Isso nos faz pensar que tais elementos poderiam nos levar a percepções diferentes sobre renda, ocupação e preferências, em comparação com as conclusões a que chegaríamos com base nas informações obtidas verbalmente durante uma entrevista.

Capítulo 6

A pré-história do futuro

A pré-história está viva e bem, habitando uma área de nossas vidas mais difícil de colocar em palavras: nossa conexão com as coisas materiais. Muitos de nossos outros mais significativos não são pessoas, e sim objetos; e objetos especialmente significativos não nos são estranhos, eles são conhecidos e amados, e convivemos com eles. Utensílios de cozinha, carros, camas, computadores, martelos ou canetas, cada um deles carrega consigo um conjunto de possibilidades, imediatamente visíveis para quem os conhece bem. A pré-história é não tanto um período quanto um conjunto de possibilidades que conhecemos, percebemos e sentimos, mas temos dificuldade de expressar em palavras. Perceber os potenciais do mundo material está no cerne do que nos faz e sempre nos fez humanos. É um fio que conduz às partes silenciosas da história humana. Para nos sintonizarmos com a pré-história, passada e presente, precisamos recorrer aos pedaços não verbais de experiência humana. Estou ciente da ironia da escrita para afirmar que as palavras são apenas parte da nossa história.

De maneira crucial para a pré-história do presente, o mundo está sendo reconfigurado, transformando profundamente nossas relações com as coisas materiais. Um novo tipo de espaço emergiu, mudando o que fazemos no dia a dia e criando novas mitologias: o ciberespaço. Este é um termo cunhado pelo escritor William Gibson em seu romance *Neuromancer* para descrever a nova massa de interconexões entre pessoas, máquinas e informações, que Gibson chama de "alucinação consensual". Não faz sentido perguntar "onde é o ciberespaço?", apesar da metáfora espacial. É virtual, isto é, conceitual, imaginado, não concreto ou real. Mas, é claro, efetivamente existe como um conjunto de conexões e relações entre hardware, software e wetware (estes somos nós – a ciberliteratura está repleta de novos termos).

Um dos produtos intelectuais da conectividade na web tem sido uma perda de interesse por entidades e um novo interesse por definir relações. O século XIX e o início do século XX dividiram o mundo a fim de estudá-lo. A classificação linneana dos biólogos foi copiada em muitas áreas de estudo. Foi o etnólogo e arqueólogo Pitt Rivers quem cunhou o termo "tipologia", e os tipos tornaram-se essenciais para entender as diferenças regionais e cronológicas, codificadas nos períodos da pré-história europeia: as idades da Pedra, do Bronze e do Ferro. A fim de explicar uma massa de material diverso, é útil dividi-la em pedra, osso, cerâmica e metal, ou distinguir entre o Paleolítico Inferior, Médio e Superior. As disciplinas surgiram em torno dessas classificações, de modo que a arqueologia derivou da etnologia, e primeiro os museus, depois os departamentos acadêmicos, deram estrutura institucional a essas classificações. Agora temos muitos especialistas – aqueles que estudam potes do Neolítico, mas sabem pouco sobre a cerâmica da Idade do Ferro; pessoas que conhecem a pré-história da costa da Nova Guiné, mas não das Terras Altas daquele país. Essas divisões e especializações foram extremamente produtivas, mas de fato dividem.

O que foi separado em partes hoje está sendo recombinado. As fronteiras disciplinares estão se diluindo, de modo que o estudo da cultura material pode ser realizado por historiadores, antropólogos ou geógrafos. Os historiadores que estudam a cultura material da pré-história estão desconfiados de suas próprias classificações, perguntando qual o sentido de sempre separar o estudo da cerâmica do estudo dos trabalhos em metal ou da fabricação de cestos, e estão pensando em agrupar essas peças de maneira que forneçam uma visão mais holística da experiência sensorial e social humana.

Uma ênfase nas relações não é de surpreender, considerando as mudanças no modo como vivemos. No ciberespaço, as relações atuam para mudar as entidades. Os Multiple User Domains (MUDs) são grupos em que as pessoas podem entrar como si mesmas ou como alguém de um gênero ou até mesmo uma espécie diferente. Novas identidades são adotadas ao acaso, mas ajudam as pessoas a trabalhar questões em outras áreas da vida. Uma mulher que perdeu uma perna em um acidente criou uma persona MUD com uma perna que teve uma série de relações virtuais agradáveis, abrindo a possibilidade de relações na vida real. Os MUDs tornaram-se áreas férteis de estudo antropológico. Talvez de modo previsível, apesar das possibilidades irrestritas da inventividade virtual, muitas novas personas são tristemente familiares; uma mentalidade do "por ele mesmo" dominou grande parte da nova cultura.

No entanto, as entidades estão disponíveis para quem quiser, retrabalhadas por novas relações virtuais, levando a maior fluidez no reino das ideias. As entidades estão sendo ameaçadas por outros elementos da cibercultura, tais como a noção de ciborgue. Parte pessoa, parte máquina, o ciborgue pertence a um futuro de ficção científica. Ou não? Muitos argumentariam que todos já somos ciborgues. As intervenções médicas mudaram nossa bioquímica por inoculações ou até mesmo criaram pessoas por meio de fertilização *in vitro*. Nossos órgãos podem ser removidos ou substituídos, e maquinário introduzido no corpo na forma de um marca-passo ou de uma prótese de quadril. As distinções entre pessoa e objeto se tornarão ainda mais difusas nos próximos anos. Muitos de nós estamos associados com máquinas por longos períodos do dia. Carros, computadores, telefones, maquinário industrial e TV, todos têm efeitos fundamentais sobre nossos corpos, pensamentos e sentimentos. Não é de admirar que muitos dos que estudam a cultura material estejam insatisfeitos com a distinção entre sujeito e objeto. O mundo do presente, em transformação, levou muitos estudiosos da pré-história a pensar de um modo diferente sobre o nosso passado, procurando as conexões íntimas que sempre existiram entre as pessoas e as coisas. O estudo do passado e a nossa compreensão do presente estão intimamente associados.

O ciberespaço é infinitamente complexo e interconectado; os ciborgues não são nem uma coisa nem outra. Agora, a academia está tentando enfatizar uma ausência de fronteiras claras entre as disciplinas e os objetos de estudo, bem como movimentos não lineares de história, pensamento e ação. As histórias progressivas, em linha ascendente, dos vitorianos pouco a pouco são substituídas por visões que enfatizam a complexidade da história, e não sua natureza direcional. Muitas regiões do mundo rejeitaram o sistema de Três Idades – da Pedra, do Bronze e do Ferro –, uma rejeição cada vez mais atraente para muitos na Europa.

O ciberespaço ainda é muito novo, mas não inédito. Como um sistema virtual, figura como o último em uma longa linha de tais sistemas, dos quais o mais influente é a linguagem. Os humanos plenamente modernos falam há pelo menos 40 mil anos. Grande parte dessas conversas provavelmente foram fofocas, assim como ocorre no presente. Se os Neandertais ou mesmo ancestrais anteriores foram capazes de falar é algo ainda controverso, já que eles talvez não possuíssem a arquitetura adequada de aparelho vocal para produzir a mesma gama sutil de sons que produzimos. Se foram capazes de humor, ironia, fantasia e mito é algo que provavelmente nunca saberemos. Mas temos uma grande pista do desenvolvimento da linguagem. Por volta de 40 mil anos atrás, houve um grande surto de simbolismo, por meio de arte rupestre, figuras entalhadas de humanos e animais e decoração em objetos.

A definição clássica de um símbolo é "algo que representa outra coisa" – a cor vermelha para sangue, que então pode ser generalizada como símbolo de perigo. Em seu livro *A pré-história da mente*, Steven Mithen vê uma mudança dos ancestrais humanos, até – e inclusive – os Neandertais, que tinham uma série de inteligências específicas a um domínio, cada uma delas dizendo respeito à tecnologia, ao mundo natural e ao mundo social. Eles eram incapazes de conectar esses diferentes domínios do pensamento. Se Mithen está correto, então os hominídeos de Boxgrove, com quem comecei este livro, podiam pensar no comportamento dos cavalos com uma parte da mente, em confeccionar um biface com outra e em sua própria posição dentro do grupo usando uma terceira. Eles não teriam sido capazes de conectar essas áreas de pensamento de uma maneira efetiva. Os últimos 40 mil anos viram o surgimento do que Mithen chama de "fluidez cognitiva", a capacidade de fazer conexões entre os mundos natural e social. Os caçadores-coletores contemporâneos possivelmente veem um animal como seu ancestral, que deve ser tratado com respeito quando matado e comido. Mithen afirma que tais conexões eram impossíveis para os hominídeos de Boxgrove. A base da fluidez cognitiva é a capacidade de criar símbolos. Quando é possível conceber que uma coisa representa outra, todos os tipos de conexões se tornam possíveis, de modo que a separação das inteligências específicas ao domínio cai por terra.

Eu concebo a inteligência de uma forma diferente, entendendo-a como uma qualidade não só da mente como também do corpo. Atuando e existindo no mundo com inteligência, nossos ancestrais combinaram o social e o natural em um todo orgânico. Se os hominídeos de Boxgrove realmente caçavam, isso requeria uma compreensão sofisticada do comportamento animal e ação social coordenada. A divisão da natureza e da cultura em categorias de pensamento separadas, como faz Mithen, é algo que só ocorreu nas últimas centenas de anos. No entanto, o que era apenas incipiente antes de 40 mil anos atrás era a tensão entre o mundo virtual das palavras e o mundo real das ações e relações. Um elemento fundamental do comportamento humano moderno é que podemos fazer coisas, mas também podemos pensar a respeito de fazer coisas. Até que formas sofisticadas de simbolismo surgissem, há 40 mil anos, houve poucos meios simbólicos de construir o mundo da ação, de modo que os hominídeos estavam mais imersos no imediatismo de seus mundos materiais e sensoriais. As formas simbólicas de discurso e representação operam por meio de vínculos com o mundo (sangue → vermelho → perigo), mas com o tempo elas também desenvolvem sua própria lógica interna, o que torna esses vínculos muito menos diretos. O relato de Sahlins sobre a morte de Cook assinala que os havaianos e os europeus atuavam, cada um, de acordo com sua própria lógica cultural; suas ações foram motivadas por um conjunto de acontecimentos, mas também pela forma diferente com que cada um interpretava esses acontecimentos. A ação e a inteligência humana moderna surgiram não por vincular domínios de pensamento antes separados, como Mithen afirma, mas por configurar uma tensão entre ação e pensamento. O pensamento, por sua vez, é possível por meio do simbolismo que é capaz de recriar o mundo cotidiano em forma virtual. As palavras digitais que estou criando agora serão mais tardes transferidas para a página para evocar em você, leitor, pensamentos e sensações (assim espero). As palavras não são o mundo em si, mas com efeito encontram-se em uma relação complexa com o mundo.

O mundo virtual, que foi trazido à existência pela primeira vez por uma sofisticada linguagem simbólica, está em tensão com o mundo prático, mas não é totalmente oposto a ele. Conforme apontou Renfrew, um conceito de peso é difícil de se conceber na ausência de um certo conjunto material de pesos e poderia não ter surgido puramente como uma ideia. Agora que eles existem como conceitos, medidas de peso podem ser adicionadas ou subtraídas aritmeticamente e tratadas de uma maneira um tanto desvinculada dos pesos reais. O peso é ao mesmo tempo um conceito e uma realidade, virtual e real.

O ciberespaço é um sistema virtual de relações que poderiam não existir sem computadores, cabos Ethernet e pessoas diante de teclados. Existe em nossa cabeça e também na ponta de nossos dedos. O ciberespaço criou suas próprias mitologias, capturando nossa imaginação, conforme demonstra o número cada vez maior de livros e filmes sobre a rede, ajudando a derrubar um mito com o qual vivemos – o de que não temos mito algum. As relações pré-históricas entre pessoas e potes de cerâmica ou entre potes de cerâmica e vasilhas de metal não permitem uma analogia direta com a cibercultura e a cultura ciborgue de nossos dias. Mas a tensão entre o material e o virtual existe há pelo menos quarenta milênios, e hoje há lições a serem aprendidas com base nas relações e tensões de longa data.

O mundo atual está mudando depressa, dando nova forma às velhas relações. Não temos certeza de quem somos, em parte pessoas e em parte objetos, ou de para onde estamos indo à medida que se desdobra um futuro não linear. Oscar Wilde disse que nosso dever para com a história é reescrevê-la. Temos uma sensação cada vez maior de que a história é que está nos reescrevendo.

Leituras complementares

Capítulo 1

Connolly, B.; Anderson, R. *First Contact* (Viking Penguin, 1987): como a pré-história terminou nas Terras Altas da Nova Guiné.

Gamble, C. *As sociedades paleolíticas da Europa* (Ariel, 2002): um relato inteligente e detalhado dos primórdios da pré-história na Europa.

Ongka. *Ongka: A Self-Account by a New Guinea Big-Man.* Tradução de A. Strathern (Duckworth, 1979).

Pitts, M.; Roberts, M. *Fairweather Eden* (Century, 1997): um excelente relato sobre o trabalho, as personalidades e as descobertas em Boxgrove.

Postgate, J. N. *Early Mesopotamia: Society and Economy at the Dawn of History* (Routledge, 1994): bom contexto das origens da escrita na Mesopotâmia e das influências mesopotâmicas em outros lugares.

Capítulo 2

Dunbar, R. *Gossip, Grooming and the Evolution of Language* (Faber, 1997): discute as relações entre o tamanho do cérebro e a complexidade social em primatas e as origens da linguagem em humanos.

Gamble, C. *Timewalkers: The Prehistory of Global Colonization* (Penguin, 1993).

Mauss, M. *Ensaio sobre a dádiva* (Edições 70, 2008; edição original de 1928): uma obra clássica da antropologia francesa que assentou grande parte dos fundamentos para compreender as relações sociais e de troca em sociedades baseadas no parentesco.

Capítulo 3

Gould, R.; Schiffer, M. (Orgs.). *Modern Material Culture: The Archaeology of Us* (Academic Press, 1981): tem um capítulo genial de Rathje sobre o Tucson Garbage Project, além de outros materiais interessantes.

INGOLD, T. *The Perception of the Environment* (Routledge, 2000): excelente livro sobre as interações entre os caçadores-coletores e seu meio.

STOCKING, G. *Victorian Anthropology* (Free Press, 1987): denso, mas excelente relato dos debates do século XIX e seu contexto social.

TRIGGER, B. *História do pensamento arqueológico* (Odysseus, 2011): o relato mais abrangente de todos.

CAPÍTULO 4

BOGUCKI, P. *The Origins of Human Society* (Blackwell, 1999): um relato bem escrito e abrangente da pré-história humana, desenvolvido em torno da noção de progresso.

BONNEFOY, Y. (Org.). *Mythologies*. Tradução de W. DONNIGER (Chicago University Press, 1991): um levantamento abrangente, originalmente em francês, das mitologias mundiais.

CHILDE, V. G. *O que aconteceu na história* (Jorge Zahar, 1981): um relato clássico da história humana contado pelo mais influente arqueólogo do início do século XX.

DIAMOND, J. *Armas, germes e aço* (Record, 2001): um relato brilhante e provocador da história humana sob uma perspectiva evolutiva.

FIEDEL, S. *Prehistory of the Americas* (Cambridge University Press, 1992).

MOORE, A. et al. *Village on the Euphrates* (Oxford University Press, 2000): o relatório do sítio arqueológico de Abu Hureyra. Grande, mas vale o esforço.

RENFREW, C. *Archaeology and Language* (Jonathan Cape, 1987): este livro reavivou o interesse dos arqueólogos pela história das línguas e propôs a hipótese de que a disseminação da maioria das famílias de línguas ocorreu devido às migrações dos agricultores.

Renfrew, C.; Boyle, K. (Orgs.). *Archaeogenetics: DNA and the population prehistory of Europe* (McDonald Institute for Archaeological Research, 2000): explora a possibilidade de uma "grande síntese" da genética arqueológica e dos dados linguísticos, focando nas novas informações genéticas.

Shaw, T. et al. (Orgs.). *The Archaeology of Africa* (Routledge, 1993).

Sherratt, A. *Economy and Society in Prehistoric Europe* (Princeton University Press, 1997): um relato da pré-história europeia que tenta desenvolver uma perspectiva holística e materialista.

Capítulo 5

Gilchrist, R. *Gender and Archaeology* (Routledge, 1999): contém um panorama abrangente das questões de gênero, abordadas por meio de uma série de estudos de caso.

Gosden, C. *Anthropology and Archaeology* (Routledge, 1999): examina questões de estética e transformações, abordadas a partir de uma perspectiva tanto arqueológica quanto antropológica.

_____. (Org.). *Archaeology and Aesthetics, World Archaeology, 33* (2001).

Kirch, P. *On the Road of the Winds* (University of California Press, 2002): um relato acessível e abrangente da pré-história do Pacífico.

Lock, G. et al. *Uffington White Horse Hill and its Landscape* (Oxford Committee for Archaeology, 2003).

Sahlins, M. *Ilhas de história* (Jorge Zahar, 2009): um relato difícil, mas fascinante da história do Pacífico, incluindo a morte de Cook.

Capítulo 6

Bell, D.; Kennedy, B. (Orgs.), *The Cybercultures Reader* (Routledge, 2000).

MITHEN, S. *A pré-história da mente* (Unesp, 2002): enfatiza a relevância da mente em detrimento da inteligência corporal, mas fornece um relato vivo e interessante deste assunto de grande importância.

TAYLOR, T. *A pré-história do sexo* (Campus, 1997): pesquisa vigorosa, mas em geral acrítica, de um assunto destinado a vender livros.

CRONOLOGIAS

ÁFRICA

*c.*120.000 a.C.	Primeiros humanos plenamente modernos (quanto ao aspecto físico, e não comportamental)
120.000	Foz do rio Klasies: indícios de pesca, coleta de moluscos e predação de aves marinhas; anzóis e ferramentas de pedra
*c.*100.000	Primeiro movimento de humanos plenamente modernos para fora da África
40.000	Início da Última Idade da Pedra; adornos humanos em forma de colar de contas feitos de casca de ovo de avestruz
30.000	Arte rupestre sul-africana; possível surgimento do arco e flecha
6.000	Pastoreio de gado na África do Norte; agricultura sedentária no Egito
5.000	Sorgo, arroz africano e galinha-d'angola, todos domesticados ao redor do Saara até esta data
4.000-3.000	Surgimento da escrita hieroglífica no Egito; fim da pré-história nessa região
3.000-2.000	Bois e cabras são criados na África subsaariana (possivelmente antes desta data); inhame africano e dendezeiro domesticados; datas do chá e do café desconhecidas
800	Trabalhos em cobre no oeste da África (a data pode ser anterior a esta)

500	Indícios de fundição de ferro na Nigéria e na área central de Níger; espalha-se para o resto da África Ocidental antes de 1.000 d.C.
0	Bois, ovelhas e ferro se espalham para a África do Sul

AMÉRICAS
DO SUL

13.000 a.C.	Monte Verde
12.000	Clóvis
6.000	Batata, milho e feijão nos Andes
5.000	Cerâmica na Amazônia e nos Andes
3.500	Vasos, algodão e camelídeos e porquinhos-da-índia domesticados nos Andes
900	Grandes centros de cerimônias nos Andes
100 d.C.	Ascensão do regime Tiahuanaco, últimos ancestrais do império Inca

CENTRAL

12.000	Clóvis
7.000	Primeiras abóboras
5.000	Milho e feijão
2.500	Cerâmica
1.000	Primeira formação estatal
500	Escrita na região maia

1.000 d.C.	Produção de metal

DO NORTE

12.000	Clóvis
10.000	Folsom
7.000	Abóboras no Centro-Oeste
4.000	Cerâmica e cobre no Centro-Oeste
3.000	Milho no Sudoeste
2.000	Arco e flecha no Ártico
1.000	Cerâmica no Ártico e no Sudoeste
600	Cerâmica e milho na Grande Bacia do Nevada

ÁSIA

SUDOESTE

15.000 a.C.	Expansão devido a êxodo?
12.000	Natufianos
10.000	Neolítico pré-cerâmica; primeiros cereais e domesticação de animais
9.500	Início de Abu Hureyra
6.500	Hassuna e Samarra: vasos pintados, cestas, obsidianas, colares de cobre, azeitonas e vinhas
5.000	Casas tripartites; arados

4.000	Cerâmica torneada
3.500	Cidades na Mesopotâmia; escrita e primeiros trabalhos em bronze

Central e Oriental

7.000	Vilarejos rurais do Turcomenistão ao Baluchistão: cereais e animais domesticados
6.500	Cultivo de arroz, cerâmica e vilarejos na China
3.000	Bronze e fiação de seda na China; arroz na Tailândia e no Vietnã
2.500	Cidades no vale do Indo
1.800	Início da dinastia Shang, China
1.400	Primeira escrita chinesa

Austrália e Pacífico

40.000 a.C.	Primeira colonização
35.000	Primeira colonização insular: Nova Irlanda
30.000	Primeiros vestígios de arte rupestre: Austrália; primeira colonização das ilhas Salomão
25.000	Primeira ocupação do deserto central australiano
20.000	Movimento de obsidianas e animais para Nova Guiné

14.000?	Primeiras plantações de árvores: Nova Guiné
8.000	Elevação do nível do mar divide Austrália e Nova Guiné
6.000	Primeiros sistemas hortícolas nas Terras Altas da Nova Guiné; cachorros são trazidos à Austrália; novos tipos de ferramentas na Austrália
3.500	Expansão da lapita para o Pacífico, chegando até Tonga e Samoa
1.000	Batata-doce é trazida da América do Sul para o Pacífico
1.000 d.C.	Assentamento sedentário no rio Murray, Austrália; primeiros assentamentos no Havaí, na ilha de Páscoa e na Nova Zelândia.
1.350	Batata-doce é introduzida nas Terras Altas da Nova Guiné
1.788	Primeiro assentamento de homens brancos na Austrália

Europa

*c.*40.000 a. C.	Primeiros humanos plenamente modernos
15.000	Expansão ocasionada por êxodo: Ibéria–Sul da França e Bálcãs–Ucrânia
10.000	Uso de recursos marinhos e de grãos e frutas silvestres

6.500	Primeiros vilarejos neolíticos no sudeste da Europa; cereais e animais domesticados
4.500	Primeiros objetos em cobre
4.000	Primeiras criações de animais no noroeste e primeiros monumentos megalíticos
3.500	Arados e carrinhos
3.000	Lã e cavalos
2.000	Primeiros textos em palácios minoicos
2.300	Primeiros objetos em bronze
800	Introdução do ferro; urbanização no Mediterrâneo
100	Primeiros assentamentos urbanos no norte da Europa

ÍNDICE REMISSIVO

A

Abu Hureyra, Síria 83, 85-89, 148
adivinhação 95, 112
agricultura 11, 12, 39, 40, 62, 63, 74, 75, 78-80, 82, 83, 87, 90, 93, 126, 146
ver também criação de animais
Aiello e Dunbar 51
Aristóteles 24
arte 26, 28, 61, 107, 138, 149
astecas 23, 112

B

batek, Malásia 37
Beckham, David 45-47, 61
Bíblia 27, 31-33
biface 13, 14, 17, 18, 48, 49, 138
Boas, Franz 63, 64
Boxgrove, Inglaterra 13-15, 18, 19, 46, 51-53, 55, 58, 138, 139

C

caçador-coletor 82
Çatal Höyük, Turquia 89
Cavalo Branco de Uffington 102
caverna de Brixham, Inglaterra 33, 34
cerâmica 12, 82, 83, 87, 89, 94, 104, 108, 109, 115, 124, 136, 140, 148, 149

César, Júlio 19, 20
Childe, Gordon 63, 64, 82, 83
ciberespaço 135-138, 140
classe 31, 40, 43, 109, 133, 134
Clóvis, Novo México 71, 73, 74, 147, 148
Cnossos, Creta 24
colares de contas 146
Comensalismo 80
consumo 12, 42-44, 80, 82, 87
Cook, capitão James 128-133, 140
criação de animais 24, 89
cronologia 9, 12, 27, 32, 33

D

dança 53, 61, 95, 104, 119
Darwin, Charles 32, 33, 35, 40, 63, 68, 100, 101, 105
Diamond, Jared 81, 90
DNA 56, 79
ver também genética
Dolní Vestonice, República Tcheca 117-119
domesticação 11, 12, 63, 74, 82, 83, 87, 90-93, 126, 148

E

enterro 59, 89, 117-119
espaço 30, 58-60, 88, 98, 135
estatuetas 39, 89, 114, 116, 118

estatuetas de Vênus 58, 116, 118
estética 81, 108
evolução 10, 31, 33, 40, 49, 51, 54, 55, 68

F

fertilidade 96, 106, 112, 114, 116
Freud 41

G

Gamble, Clive 58
Gell, Alfred 105
Gênero 113
genética 35, 36, 56, 75, 78-80
Gibson, William 135
Goodall, Jane 49
guerra 96, 132

H

Hodder, Ian 87, 89
Homero 24, 98
Hughes, Thomas 103
humanos modernos 53, 54-56, 67, 78, 120

I

Idade da Pedra 11, 146
Idade do Bronze 9, 24, 82, 103, 114, 115
Idade do Ferro 9, 104, 108, 136
Idade do Gelo 9, 10, 39, 78, 118
identidade 31, 32, 38, 40, 93, 100, 116, 131
incas 26
Ingold, Tim 37

iniciação 28, 50, 114, 116, 119
inteligência 15, 16, 45-47, 51, 52, 61, 99-103, 105, 106, 108, 120, 139, 140

J

Jones, Sir William 48, 74, 75

K

Knapp e Meskell 114, 116

L

lança 15, 18, 47, 111
lapita *ver* cerâmica
Leahy, Mick e Dan 20, 21
Lévi-Strauss, Claude 65
línguas 66, 67, 74-80
    indo-europeias 75, 76, 98
Lubbock, Sir John 27

M

machados 20, 39, 50
    ver também biface
magia 41, 95, 96, 99, 101, 106-108
Marx, Karl 41
Matenkupkum, Nova Irlanda 120, 121, 123, 125-128
metal 11, 104, 106, 108, 136, 140, 148
Mithen, Steven 138-140
mito 32, 94, 95, 99, 132, 138, 140
Monte Verde, Chile 70, 72, 73, 147
morte 30, 88, 89, 106, 112, 118, 121, 129, 130, 132, 133, 140

N

nascimento 88, 106
natureza 16, 17, 23, 29, 33, 35-37, 42, 45, 49, 55, 61, 80, 82, 83, 94, 100, 108, 119, 138, 139
Neandertais 10, 55, 56, 60, 138
Neolítico 9, 11, 82, 87, 89, 104, 109, 110, 136, 148

O

obsidiana 111-113, 124, 127
Ongka 20-22, 39, 50

P

paisagens 9, 31, 36, 38, 81, 127-129
Paleolítico 9, 11, 58-60, 78, 116, 117, 136
pedra 11, 12, 14, 16, 17, 20, 21, 34, 35, 39, 49, 52, 56, 58, 59, 70, 71, 80, 87, 89, 98, 109, 114, 116, 124, 136, 146
Pedra Furada, Brasil 70
Pengelly 33, 35
pesca 70, 128, 146
pigmeus mbutis 36, 37
Píteas, o Grego 26
Pitt Rivers 63, 136
Plistoceno 80, 99
poder 50, 65, 81, 97, 105, 112-114, 116, 118, 130, 132, 133
povos aborígenes, Austrália 28, 55, 63, 65, 66, 97

presentes 13, 39, 50, 61, 95, 116
produção 12, 23, 24, 39, 82, 83, 90, 106-108, 116

R

Raleigh, Sir Walter 94
Rathje, Bill 42, 43
religião 27, 32, 40, 94, 101
Renfrew, Colin 74, 75, 78, 140
ritual 94, 95, 98, 106, 107, 129, 130
romanos 31, 103

S

Sahlins, Marshall 129, 130, 139
Sahul 68, 70
século XIX 27, 31-33, 40, 42, 55, 62, 64, 93, 94, 103, 136
Sherratt, Andrew 93
sílex 13-15, 17, 34, 52, 60, 86, 87, 109, 110
simbolismo 59, 87-90, 92, 104, 107, 118, 138-140
Sócrates 24, 132
Sonho, O 28, 66, 97, 98
Sunghir 39, 59

T

tecnologia 16, 37, 42, 49, 51, 82, 105, 107, 138
tempo 11, 18, 19, 27-30, 32, 33, 35, 40, 46, 49, 51, 52, 57-60, 68, 70, 73, 75, 79, 82, 92-95, 102, 105, 106,

111, 114, 126, 131, 132, 139, 140
têxteis 12, 82, 104
Trigger, Bruce 64
troca 23, 39, 50, 51, 53, 70, 82, 96, 97, 104, 112, 128
Tucson Garbage Project 42, 44

V

Vasos 147
Ventris, Michael 24

W

Wallacea 68
Weber 41
White Horse Hill, Inglaterra 102, 105

LISTA DE ILUSTRAÇÕES

1. Os hominídeos de Boxgrove caçam um cavalo / © John Sibbick / 14

2. Ongka em discussão / Cortesia de M. O'Hanlon, Pitt Rivers Museum / 22

3. O sistema de escrita Linear B e sua tradução / After Palmer, 1965; Stubbings, 1972 / 25

4. A primeira divulgação de descobertas na caverna de Brixham, onde mais tarde foram encontradas ferramentas de pedra junto a vestígios de animais extintos / 34

5. A pré-história como um movimento da selvageria ao barbarismo e deste à civilização / Clark, G. *Savagery to civilization*. Corbett Press, 1946 / 41

6. Árvore genealógica da evolução dos hominídeos durante os últimos 5 milhões de anos / 54

7. O enterro com colar de Sunghir / Mithen, S. *The Prehistory of the Mind*. Thames & Hudson, 1996, p. 175 / 59

8. Evolução triunfalista / Mansfield, J. C. *The Dawn of Creation*. Harrap, 1952, p. 233 / 64

9. O processo de colonização global / Gamble, C. *Timewalkers*. Alan Sutton, 1993, p. 9, fig. 1.1 / 69

10. Reconstrução do sítio arqueológico de Monte Verde, no Chile / Wenke, R. J. *Patterns in Prehistory*. Oxford University Press, 1990, p. 212, fig. 5.7a / 72

11. Típicas pontas de Clóvis / Bogucki, P. *The Origins of Human Society.* Blackwell, 1999, p. 111, fig. 3.6 / 73

12. Distribuição das línguas indo-europeias / Renfrew, C. *Archaeology and Language.* Jonathan Cape, 1987, p. 52-3, fig. 3.3. Usada com permissão da The Random House Group Limited. / 76

13. Cronologia e atividades em Abu Hureyra / Moore, A. et al. *Village on the Euphrates.* © 1999 Oxford University Press Inc., Nova York, p. 478, fig. 14.2. Usada com permissão da Oxford University Press, Inc. / 85

14. Algumas das principais espécies domesticadas em cada região do mundo / Diamond, J. *Guns, Germs and Steel.* Jonathan Cape, 1998, p. 100, tabela 5.1. Usada com permissão da The Random House Group Limited. / 91

15. O Cavalo Branco de Uffington / Fotografia de Jason Hawkes / 102

16. Lança de sílex escandinava do fim do Neolítico / Champion, T. et al. *Prehistoric Europe.* Academic Press, 1984, p. 202, fig. 7.4. Usada com permissão de Elsevier. / 110

17. Figura de duas cabeças em prancha de cerâmica polida vermelha (de Denia, Chipre), mostrando joias e marcas faciais individuais / Gilchrist, R. *Gender and Archaeology.* Routledge, 1999, p. 76, fig. 4.4 / 115

18. O enterro triplo de Dolní Vestonice / Taylor, T. *The Prehistory of Sex.* Fourth Estate, 1996, p. 133, fig. 4.2 / 117

19. O oceano Pacífico / Kirch, P.; Green, R. *Hawaiki, Ancestral Polynesia.* Cambridge University Press, 2001, p. 17, fig. 1.1 / 122

20. A caverna de Matenkupkum, Nova Irlanda, Papua Nova Guiné, durante escavação / Fotografia de C. Gosden / 123

A editora e os autores pedem desculpas por quaisquer erros ou omissões na lista acima. Se contatados, eles terão prazer em retificar as informações na primeira oportunidade.

Sobre o autor

Chris Gosden é curador do Pitt Rivers Museum (University of Oxford) e professor da mesma instituição. É autor de *Archaeology and Colonialism* (Cambridge, 2004) e *Anthropology and Archaeology* (Routledge, 1999), entre outros.

lepmeditores
www.lpm.com.br
o site que conta tudo

IMPRESSÃO:

PALLOTTI
GRÁFICA

Santa Maria - RS | Fone: (55) 3220.4500
www.graficapallotti.com.br